사회주의

Peter Lamb 지음

김유원 옮김

지식과 문화

사회주의

제1쇄 펴낸 날 2022년 4월 6일

지은이 Peter Lamb
옮긴이 김유원
펴낸이 박선영
주 간 김계동
디자인 전수연

펴낸곳 명인문화사
등 록 제2005-77호(2005.11.10)
주 소 서울시 송파구 백제고분로 36가길 15 미주빌딩 202호
이메일 myunginbooks@hanmail.net
전 화 02)416-3059
팩 스 02)417-3095

I S B N 979-11-6193-052-7
가 격 14,000원

ⓒ 명인문화사

Socialism

Peter Lamb

지식과 문화

사회주의

Peter Lamb 지음

김유원 옮김

목차

|

역자서문

사회주의는 우리 사회에 다양한 형태로 드러난다. 자본주의적 세계질서에 대한 보충적 대안으로서 사회주의적 가치의 중요성을 외치는 사람들도 있고, 급진적인 혁명을 주장하는 사람들도 있다. 때로는 환경이나 여성, 노동자에 대한 관심으로, 공동체에 대한 연대의식으로, 평등한 사회에 대한 열망으로 나타나기도 한다. 사회주의가 내포한 다양성은 우리가 사회주의란 무엇인지 그 핵심을 이해하는 것을 어렵게 한다.

  이 책은 사회주의가 무엇인지 간략하게나마 알고 있으나 그 정확한 사상적 전통을 알지 못했던 독자들, 사회주의의 역사와 전망에 대해 개괄하고자 하는 독자들, 그리고 사회주의의 기본원칙부터 다양한 현실 속 사례들까지 모두 살펴

보고 싶은 독자들에게 매우 유용한 정보를 제공한다. 저자는 사회주의의 기본원칙인 자유, 평등, 공동체에서 출발하여 국가의 역할과 본질, 변화를 이끌어 내는 방법, 사회주의적 사회를 위한 실험들에 이르기까지 체계적으로 서술하고 있다. 여러 사상가들의 견해와 저작을 인용하여 독자의 이해를 돕는 한편, 학자들의 이름만을 나열하기보다는 그러한 주장을 펼치게 되었던 역사적인 맥락과 서로 간의 공통점/차이점 및 논쟁의 흐름을 충실히 보여줌으로써 정치사상이라고 하면 어렵게 생각할 독자들을 배려하고 있다.

사회주의이론은 흔히 평등과 수평화에 대한 과도한 집착이나 국가 통제의 옹호와 같은 부정적인 이론으로 묘사되곤 한다. 물론 다양한 사회주의의 갈래들이 기본적으로 평등을 주창하고 국가의 역할을 비판하기는 하지만, 이에 대해 반드시 동일한 시각을 갖고 있지는 않다. 이 책은 우리가 갖고 있는 사회주의에 대한 오해를 분명하게 지적하면서, 사회주의 사상의 근간에 있는 일관성과 현실에서 사회주의적 사회를 이루고자 했던 시도의 다양성을 모두 풍부하게 다룬다. 특히 제5장에서 제시된 사례들은 '사회주의'라는 용어 아래 간과하기 쉬운 지역적, 역사적 다양성을 깨닫게 한다.

2008년 글로벌 금융위기 이후 자본주의의 역량이 시험대에 올랐다. 오랜 세월 세계를 지배해 온 자본주의는 불평등과 착취가 심화됨에 따라 그 가치와 지속가능성이 의심받고 있다. 자본주의적 세계질서에 기반하여 운영되어 온 글로벌 제도와 거버넌스 조직들도 재평가가 필요한 시점이다. 이러한 상황에서 사회주의는 노동계급의 연대를 넘어서서 다른 여러 소외받는 계층의 연합을 추구해야 할 것이다. 사회주의는 예전에 이미 생명력을 잃은 사상인 것처럼 여겨지지만, 그 사상이 간직한 오래된 전통을 오늘날 변화에 맞추어 대안으로 제시할 때 오히려 더욱 적절하고 유용한 시각을 제공할 수 있다. 특히 과학기술의 발전과 환경적 위협으로 인간성과 공동체 의식이 약화되고 있는 요즘, 사회주의의 대항 헤게모니는 인공지능, 기후변화, 사이버 세계 등 여러 분야에서 구축될 수 있다. 이 책을 통해 앞으로 사회주의가 나아갈 바에 대해 깊이 생각하고 그 가치를 재발견할 수 있을 것이다.

모두 여섯 장으로 이루어진 책을 번역하면서 정확한 용어를 사용하고 읽기 쉬운 문장을 쓰고자 노력했지만, 아직 미흡한 부분들도 있다. 그럼에도 불구하고 정치사상에 관심을 갖고 연구하고자 하는 사람들에게 작게나마 도움이 되기를 바란다.

2022년 2월
역자 김유원

1장

서론

풍부한 다양성에도 불구하고, 사회주의는 그 이론적 토대에 분명한 교의의 형태를 갖고 있다. 사회주의의 몇몇 변형들을 지지하는 사람들이 다른 변형들은 전혀 매력적이지 않다고 여길지라도, 사회주의는 일관성 있는 사상으로 존재해 왔고 지금도 그렇게 남아 있다. 19세기 초반에 사회주의가 등장한 이래로 이러한 일관성은 여러 변형들을 사회주의 교리를 실행하기 위한 하나의 탄력적인 사회적, 정치적인 운동으로 모아주었다. 이 책은 사회주의가 의의, 공명, 호소력을 갖기 위해서는 중심 원칙들을 유지하면서도 동시에 재구성하고, 사회주의를 폄하하는 몇몇 부분들을 포기하며, 현재의 전투를 해야만 한다고 결론짓는다.

사회주의는 세 가지 주요 원칙들 즉, 평등, 자유, 공동체의 특별한 조합에 기반을 둔 좌파 이데올로기이며 여러 다양한 원칙들이 이를 중심으로 존재한다. 모호하기로 악명 높은 정치적 용어인 '좌파(left)'는 프랑스혁명 기간에 등장했다. 1789년 신 의회에서 자유주의적이고 평등주의적인 개혁을 원하던 운동가들은 의사당의 좌측에 앉았다. 자유주의는 개인의 자유를 수호하는 것을 기본으로 하는데, 변화를 위한 개혁이나 저항도 포함할 수 있다. 여기에는 급진적인 개혁파 자유주의자들도 포함되었기 때문에, 좌파가 사회주의보다 더 넓은 의미이다. '좌파'는 더 폭넓고 보다 효과적인 참여, 사회 변화, 다양한 형태의 평등주의, 자본주의의 개혁 혹은 폐지를 원하는 급진적인 정치적 생각, 운동, 그리고 정당들을 의미하게 되었다 (Lamb, 2016: 521).

자본주의는 세 가지 주요 특징들의 조합, 즉 사유재산권, 그러한 재산에 대한 사적 이익 추구, 재화의 교환과 그러한 재화와 서비스의 가격을 결정하는 수단으로서의 시장을 기반으로 하는 사회적, 경제적 체제이다 (Saunders, 1995: 3-9). 사회주의자들은 자본주의가 사유재산권을 최우선으로 내세우면서, 개개인의 소유욕을 자극하고 공동체 의식을 저해하며 불평등을 고착화하고, 사회적 자유보다 개인의 자유를 지나치게 많이 허용한다고 주장한다.

2007년부터 시작된 금융위기에 대한 대응으로, 자본주의는 전 지구적인 다수의 긴축을 통해 살아남았다. 자본주의가 단기간에 회복될 수도 있겠지만 보다 핵심은 지구라는 행성이 자본주의의 과정들, 즉 자원을 고갈시키고 환경을 오염시키며 다른 누구보다도 인류에게 해로운, 되돌릴 수 없는 지리적 변화를 일으키는 일들을 지속시키는 것이 불가능하다는 점이다. 사회주의는 그 동조자들과 이러한 긴축을 견디는 이들에게도 대안으로 여겨져 왔다. 그러나 인류의 번영을 가져올 수 있는 잠재력에도 불구하고, 사회주의는 때때로 그 반대의 효과를 가진 것으로 이해되고 표현되고 조작되어 왔다.

20세기 사회주의에서 가장 눈에 띄는 형태는 특히 소련(USSR: Union of Soviet Socialist Republics)에서 스탈린(Joseph Stalin)이 공산주의의 이론과 실제를 모두 장악한 이후의 마르크스-레닌주의(Marxism-Leninism)이다. 레닌(Vladimir Lenin)은 1917년 러시아에서 혁명으로 권력을 장악한 후, 스탈린의 조력으로 1922년 소련을 건립하였다(Service, 2000: 308-323, 455-461). 마르크스-레닌주의는 표면상 레닌의 사상에 의지하였는데, 이는 결국 마르크스(Karl Marx)의 사상들을 해석한 것이었다. 실제로 마르크스-레닌주의는 중앙에서 계획하고 공공으로 소유하는 형태로 공적 소유를 시행하였고, 이론적으로도 현실적으로도 권위주의적이었으며, 서방의 민주주의를 기피하고 반대파를 억압했다. 종종 단순하게 공산주의로 일컬어지는 마르크스-레닌주의의 변형들은 오늘날까지도 존재하고 있는 몇몇 공산주의 국가들 중 하나인 혁명적 지도자 마오쩌둥(毛澤東)의 중화인민공화국을 포함하여 전 세계에서 등장하였다 (Holmes, 2009: 1-13).

　미국에서 활동하고 있는 급진적인 중국 경제학자 리민치 (Minqi Li)는, (그가 통칭 '사회주의'로 사용한) 마르크스-레닌주의에 대해 남용과 권위주의에 대한 비판이 있음에도 그 이데올로기에서 어떠한 가치를 찾을 수 있다고 말한다. 그는 "공적 소유와 사회 전반의 계획만으로, 사회는 인구 다수의 기본적 욕구를 희생하지 않으면서도 생태학적인 지속가능성을 달성할 수 있다"고 주장한다 (Li, 2013: 41). 많은 급진적 환경주의자들은, 이미 돌이킬 수 없는 피해를 일으키고 있는 환경의 위험에서 살아남기 위해서는 소규모 공동체들의 연합이 보다 더 적절하다는 점을 내세워 그에게 도전할 수도 있다. 게다가 사회주의자들은 상의하달식(top-down) 지침에 기댈 필요가 없다. 실제로 사람들은 그들 스스로를 위한 사회주의를 건설하는 데에 핵심 역할을 하도록 돕는 새로운 기회들을 찾을 수 있을 것이다. 패니치와 진딘 (Leo Panitch and Sam Gindin, 2018: 11-16)이 말했듯, 금융위기 이후로 자본주의가 쇠락하고 있는 현재 각국의 다양한 활동가들이 그들의 활동영역을 시위에서 정당정치에의 참여로 넓히는 경향은, 환경적 고민을 진지하게 고찰하는 진정한 민주적 사회주의를 회복하기 위해 현재의 자본주의에 대한 불만을 피력하고 있음을 반영한다.

그러나 자본주의가 견고했고 생태적 문제들이 덜 분명했던 1990년대 초를 돌이켜 보면, 사회주의에 대한 전망은 밝지 않았다. 사회주의 스스로를 깎아내리고 그다지 가치가 없는 근본적으로 해로운 교리라고 말하면서, 사회주의는 더 이상 힘이 없다고 선언하는 것이 유행이었다. 게다가 사회주의의 다양한 형태와 그 사상들 속에 나타났던 모순들은 몇몇 관찰자들로 하여금 특이한, 그러나 과오라고 할 수밖에 없는, '사회주의'는 무의미하다는 결론을 내리도록 했다 (Beecher, 2013: 370). 이 책은 사회주의가 여전히 일관성 있는 세력으로 좌파에 남아 있음을 주장하면서 매우 다른 분석을 할 것이다. 여러 변형들을 논의하면서 이는 더욱 분명해질 것이다. 그러나 먼저 다양한 유형의 사회주의자들이 그들 이데올로기의 표면상의 종말에 대해 어떻게 반응했는지 살펴보도록 하자.

사회주의의 쇠락과 회복

1989년, 중국 공산주의의 개혁을 요구하던 베이징에서의 대규모 시위는 정부가 잔인함과 유혈사태, 진압에 기댈 수

밖에 없을 때가 되어서야 가라앉았다. 같은 해에, 동유럽 마르크스-레닌주의 국가들에서는 일련의 혁명이 터졌다. 1990년 초반까지 그 국가들은 모두 무너졌을 뿐만 아니라, 그들을 지배했던 소련 또한 붕괴되었다. 이러한 일들이 마르크스이론의 약점을 반영하는 것인지가 논쟁점이 되었다.

마르크스의 연구에는 세 가지 요점이 있다. 사회적 계급에 관한 자본주의 분석, 역사적 궤적에 대한 이론, 그리고 착취로부터의 해방을 위한 운동이다 (Wright, 1993: 15-21). 1840년대에 마르크스가 그의 초기 연구에서 정립한 착취의 개념은, 개인의 혹은 다수의 목적을 위해 비도덕적으로 타인을 이용하는 것에 대한 광의의 의미를 기반으로 한다. 마르크스는 보다 구체적으로, 계급사회의 지주들이 먹고살기 위해 일을 해야 하는 사람들의 노동을 적절한 보상 없이 사용하는 것에 관심이 있었다. 그는 자본주의의 노동 과정에서 이러한 현상이 두 계급 사이에서 의식적으로 일어나거나, 혹은 이러한 일이 일어난다는 것을 각기 다른 정도로 인식하면서 지주계급이 프롤레타리아(산업 노동계급)의 착취에서 이윤을 얻는 것처럼 체계적으로 일어난다고 주장했다 (Burnham and Lamb, 2019: 101-120). 후자의 경우에서, 프롤레타리아의 노동과 삶은 그들의 일, 생산, 그리고 진정 그들의 인간 본성으로부터 소외되는 상태이다 (Burnham and Lamb, 2019: 67-100). 그가 말한

'소외'는 그들이 생산 활동에 대한 통제력을 잃고, 그러한 활동에서의 협동이 인간의 특성이라는 의식도 잃었음을 의미한다.

체제 혹은 구조에 대한 강조는 마르크스 저작의 뚜렷한 특징이지만, 마르크스-레닌주의가 자본주의체제를 착취의 새로운 형태로 갈음한 정도에 대해서는 논쟁의 여지가 있다. 그렇다고 하더라도 마르크스주의가 약화되고 있다는 1990년대의 시각이나 전반적으로 사회주의가 죽어가고 있다는 주장을 정당화할 수는 없다. 착취를 극복하거나 또는 이를 최소한으로 줄이는 것은 사회주의의 기본 목표로 남아 있다. 이는 21세기 사회주의가 글로벌 자본주의의 규제나 제한을 최소화하자고 주장하는 신자유주의에 도전하고 때로는 그로부터 도전을 받도록 했다.

소위 사회주의의 종말은 자유주의적 자본주의가 앞으로 어떠한 중대한 도전도 받지 않을 것이라며 역사의 종말을 선언했던 후쿠야마(Francis Fukuyama)와 같은 신자유주의 사상가들의 지지를 받았다. 후쿠야마(Fukuyama, 1992: 106)는 "사회주의는 선진 산업사회들보다도 개발도상국들에게 경제 모델로서 매력이 없다"고 단언했다. 아마도 사회주의자들에게 더욱 놀라웠던 것은 몇몇 사회주의 정치철학자들의 견해였을 것이다. 예를 들어, 고르(André Gorz, 1994: vii)는 "체제로서의 사회주의는 죽었다"라고 말했다.

그러나 이렇게 승리를 거둔 자본주의의 장점이라고 여겨지는 것들이 이의 없이 받아들여지지는 않았다. 예를 들어, 사르카르(Saral Sarkar, 1991)는 자본주의 개발도상국의 많은 사람들에게 있어 독일민주공화국(동독) 정도의 경제적 생활수준은 꿈에서나 가능한 것이라고 강조했지만, 그럼에도 불구하고 그가 생각하기에 동독은 천연자원을 낭비하던 끔찍한 권위주의적 정권에 불과했다. 변화가 필요했으나 자본주의는 해답이 아니었다. 사회주의 페미니즘도 변화의 방향이 자본주의를 향할 필요는 없다고 주장했다. 페미니즘은 권한을 부여하고 번영하게끔 하는 역할과 상황으로부터의 여성의 배제를 다루었다. 마르크스-레닌주의가 여성들의 번영을 허용하지 않은 반면에, 사회주의가 계속해서 맞서왔던 자본주의는 가부장제, 다시 말해 남성 지배와 연결되어 있었다. 이렇듯 자본주의는 권력의 지위에서 여성을 배제하는 쪽으로 편향되어 있었다 (Haug, 1991).

사회주의 페미니즘은 과격한 혁명부터 온건한 사회민주주의를 아우르는 사회주의 이데올로기의 여러 변형들 중 하나이다. 사회민주주의자들은 다른 이데올로기적 신념을 가진 사람들이 적어도 참을 수는 있는 어떠한 형태의 사회주의가 의회정치에서 세운 법규를 통해 도입될 수 있다고 생각했다. 1990년대 초반 몇몇 사회민주주의자들은 부활한 혹은 소생한 사회주의가 자본주의를 근절하려 할 필요는 없고 오히려 자본주의를 상당한 개혁이나 통제 아래 둘 수 있다고 주장했다. 1994년, 이러한 온건한 사회민주주의적 관점은 영국노동당(British Labor Party)의 새로운 지도자 블레어(Tony Blair)에 의해 드러났다.

블레어는 그가 목도한 바와 같이 사회주의 내에서도 산업과 생산에 대한 중앙 통제에 기반한 마크르스주의는 부진한 반면, 전통적인 윤리적 갈래는 비록 부흥이 필요하다고는 해도 보다 활기차다고 주장했다. 실천적 기독교인이면서 기독사회주의운동에도 참여했던 블레어는, 개인들이 상호의존적이며 사회적 존재임을 주지하면서 가족이란 사회로부터 뗄 수 없는 것이라고 생각했다. 그에게 이것은 사회정의, 시민들의 동등한 가치, 기회와 공동체의 평등이라는 데에 가치를 둔, 사회주의의 민주적 형태의 기본이 되는 것이었다 (Seldon, 2005: 516-519).

블레어(Blair, 1994: 4)는 그의 생각에 하이픈을 붙여 '사회-주의(Social-ism)'로 표현하면서, "공적 영역과 사적 영역의 대결을 넘어서 이 둘이 파트너십을 이루어 작동하는 것을 보기를" 추구했다. 이러한 배경에서, '제3의 물결(The Third Way 또는 Die Neue Mitte)'은 기든스(Anthony Giddens) 같은 이론가들과 독일사회민주당(SPD: German Social Democratic Party)의 지도자인 슈뢰더(Gerhard Schröder)

와 같은 정치인들에게 인기를 끌었다. 그들은 국영화된 산업과 서비스를 중시하는 전통적인 사회민주주의는, 마치 강박적으로 자유시장에 집착하는 신자유주의만큼이나 신뢰를 잃었고 구식이라고 주장했다. 윤리적 전통을 되찾기 위해서 사회민주주의는 철두철미하게 현대화될 필요가 있었다(Giddens, 1998, 2000). 최근의 정치적 사유들 사이에서 논의되어 온 급진적 중도파의 사상들을 설명하면서, 기든스(Giddens, 1998: 44-46)는 중도파가 반드시 온건할 필요는 없다고 강조했다. 중도파는 상당한 변화를 제안할 수 있고, 이러한 요구가 고전적인 좌파와 우파에 국한되지 않을 수도 있다. 제3의 물결은 유럽에서 괄목할 만한 선거 결과를 얻어냈다. 예를 들어, 블레어는 생산, 분배, 교환의 수단을 공동으로 소유한다는 원칙과 거리를 두면서 그의 정당을 신노동당(New Labour)으로 명명하였고, 총선에서 세 번 연속 승리를 거두었다.

그럼에도 불구하고 현대화된 사회민주주의의 선거 승리가 앞으로의 이데올로기적 스펙트럼이 더 이상 좌측으로 뻗어가지 않으리라는 것을 의미하지는 않는다. 제3의 물결이 등장하기 전에도, 사회주의가 과격한 미래를 가질 것을 보여주는 징후들이 있었다. 한 예로, 1994년 말 멕시코 남부 치아파스(Chiapas)에서 사바타주의(Zapatista) 운동가들은 이전의 사회주의에 싫증난 사람들의 이목을 끌면서 멕시코 자본주의 정부에 반해 갑자기 혁명을 일으켰다. 마스크를 쓴 카리스마적인 사바타주의 지도자로 스스로를 마르코스 부사령관(Subcomandante Marcos)이라고 불렀던 마르코스(Marcos, 2004: 5-6)는 후에 운동의 시작에 대해 회상하면서, "라틴아메리카의 혁명적 좌파운동에는 두 개의 주된 공백이 있었다"고 강조했다. 첫째로, 운동이 시작되었던 토착민들이다. 둘째로, 성소수자들(LGBT)처럼 라틴아메리카의 좌파 논의에서 소외되었을 뿐 아니라 공산주의 정당들로부터 무시당하고 때로는 반대되기까지 한 소수자들이다.

사바타주의자들은 글로벌 자본주의에 반대하는 운동을 도왔다. 반(反)자본주의 운동은, 세계무역기구(WTO: World Trade Organization) 회의장 밖에 수천 명의 시위대들이 모였던 1999년 그 유명한 '시애틀 전투(Battle in Seattle)' 이후로 성장 동력을 얻었다 (Callinicos, 2003: 4-5). 특히 라틴아메리카에서는 좌익 정당과 운동에 대해 상당한 지원이 늘어났고, 그들 중 몇몇은 공직과 권력을 얻어내기도 했다. 차베스(Hugo Chávez)의 베네수엘라와 모랄레스(Evo Morales)의 볼리비아처럼 급진적인 경우도 있었다 (Burbach, 2014). 룰라(Luiz Inácio Lula da Silva, 줄여서 Lula) 대통령이나 호세프(Dilma Rousseff) 대통령이 이끌던 브라질의 노동자당처럼 나머지는 훨씬 온건했는데, 그럼에도 불구하고 그들은 선거 이전 억압적이었던 나라 상황을 고려해볼 때 인상적인 개혁을 이루었다 (Morais and Saad-Filho, 2011). 역사의 종말이 선언된 후에, 사회주의는 이처럼 일련의 중요한 부흥을 일으키기 시작했다. 게다가 이 짧은 기간 동안 나타난 사회주의 이데올로기의 폭 넓은 다양성은 사회주의가 그 역사에 걸쳐 보여준 풍부함을 반영한다.

한편에는 어떤 이데올로기나 이론이, 그리고 다른 한편에는 정치적 운동의 경험이 있어 상호 영향을 주고 받기도 한다. 밀리반드(Ralph Miliband, 1994: 194−195)는 이러한 연결에 대한 최근의 사례를 논했다. 그는『회의적인 시대를 위한 사회주의(*Socialism for a Sceptical Age*)』에서 현재는 철저한 불평등과 긴축이 정상으로 여겨지는 '야생 자본주의(wild capitalism)'의 시대라고 주장했다. 그는 야생 자본주의가 정당화하고자 하는 이러한 정신과 상황은 사람들로 하여금 그들의 세상을 더 잘 알게 하고 더 잘 조직하도록 만든 통신혁명 때문에 유지될 수 없으리라고 말한다. 그가 책을 쓴 이후에도 계속해서 진행 중인 통신의 발달은 새로운 형태의 정치, 논의, 조직과 운동을 발전시켰다. 그럼에도 불구하고, 사회주의자들은 정보통신기술이 그 반대파에도 매우 유용하게 사용될 수 있다는 현실을 직시해야 한다. 사회민주주의가 무엇을 이루었고 이루지 못했는지를 생각하면서, 피츠패트릭(Tony Fitzpatrick, 2003: 61-71)은 정보의 상업화, 고용주들, 특히 거대 기업 고용주들의 강점에 대해 논의했다. 다시 말해, 정보는 이윤과 손실의 의미로 인식되었고, 정보기술의 발전에 맞춰 작업장 감시도 증가해왔다. 인터넷 활동과 이메일 사용은 노동자와 소비자의 생활을 너무나 쉽게 추적할 수 있게 한다. 노동자들에 대한 정보는 그들의 노동이 많이 비싸지 않다는 것을 확실히 하기 위해 가치가 있었던 반면, 소비자들에 대한 정보는 그들에게 더 많은 상품과 서비스를 팔기 위해 사용되었다. 이러한 착취는 인간관계를 단순화하는 일련의 2진법으로 사람의 생각과 행동을 나타내기에 이르렀다. 1840년대에 마르크스(Marx, 1977: 61-74)는 자본주의체제가 인간을 그들의 노동으로부터, 그들 스스로에게서, 같은 종(種)으로부터 소외시킨다고 기술했다. 정보의 상업화, 그리고 체계적인 조직과 책임 있는 권한으로부터 산업을 자유화함과 더불어, 소외는 더욱 심화되었다.

고르(Gorz, 1994: 38-41)가 말했듯, 몇몇 사람들은 그들 삶의 체계적인 조직화를 원한다. 하지만 그들은 여전히 해방을 추구했는데, 이를 통해 그들은 환경적으로 지속가능한 사회에서의 연대와 협력으로 모두의 자기개발과 자기발전을 얻을 수 있을 것이다. 반면 위에서 언급하였듯이, 그는 사회주의가 체제로서 이미 운명을 다했다고 인정하였으나 이것이 사회주의 그 자체가 죽었음을 의미한 것은 아니었다.

살아남고 번영하기 위해 사회주의는 시류에 순응할 필요가 있었다. 마르크스(Marx, 1968a: 30)가 1845년 『포이어바흐에 대한 테제(*Theses on Feuerbach*)』에서 기술한 유명한 구절처럼, 세상은 철학자들처럼 해석하는 것으로는 충분하지 않고, 변화가 필요하다. 그러나 카가를리츠키(Boris Kagarlitsky, 2000: 148)가 『급진주의로의 회귀(*The Return of Radicalism*)』에서 주장했듯이, "세상을 변화시키려면, 좌파 스스로가 변해야 한다."

21세기 초 사회주의 부흥의 사례들이 새로운 생각, 혁신적인 전략들과 더불어 독창적인 원칙들과 일관성 있는 목표들의 조합이었던 반면, 때때로 반전이 뒤따랐다. 이러한 반전들은 사회주의 운동의 급진적인 집단에만 국한된 것이 아니었다. 중도파들이 그들의 사회민주주의가 안전하다고 믿고 편안했을 수 있지만, 그들은 곧 불시에 자각하였을 것이다. 2007~2008년의 글로벌 금융위기는 유럽정부와 야당의 사회민주주자들이 그들의 계획을 재고하게끔 만들었다.

대체적으로 금융위기가 자본주의의 근간을 흩뜨렸다고 여겨지고 있기는 하지만, 유럽의 사회주의는 아직 신속하게 적용 가능한 대안으로서 준비가 되어있지 않았다. 마르크스-레닌주의는 신뢰를 잃었고, 자본주의의 점진적인 개혁을 꿈꿔온 온건 사회주의자들은 현실에 안주하는 것처럼 보였다. 많은 사회민주주의 정당과 노동당들은 어느 정도의 긴축을 지지하거나 혹은 최소한 견뎌냈다 (Sassoon, 2014: xviii). 조금 더 굳건하게 자리잡고 있던 몇몇 온건파 정당들조차 인기가 하락하면서 어려움을 겪었다. 예를 들어, 영국 노동당은 집권에 실패하고 오랜 기간 야당이 되어야 했다.

그럼에도 불구하고 유럽의 몇몇 급진적인 사회주의 운동들은 정당이 되어 상당한 지지를 끌어냈는데, 특히 스페인의 포데모스(Podemos)와 선출정부까지 꾸렸던 그리스의 시리자(SYRIZA)의 사례가 눈에 띈다 (Smaldone, 2014: 305-307). 2015년 영국에서는 좌파정치인 콜빈(Jeremy Corbyn)이 특히 젊은 사람들에게 상당한 지지를 얻으면서 향후 몇 년간의 노동당 대표로 선출되었다 (Whiteley et al., 2019). 2017년 총선 승리라는 목표에는 충분치 못했지만, 이러한 일은 급진적인 사회주의도 희망이 있음을 보여주었다 (Panitch and Gindin, 2018: 65-80). 이와 비슷하게 2016년에도 스스로를 사회주의자라 칭하는 샌더스(Bernie Sanders)가 민주당 대선후보가 되려는 노력에 보내는 지지, 특히 젊은 유권자들의 규모와 열정이 미국의 많은 이들을 놀라게 했다. 비록 그가 성공하지는 못했지만, 사회주의가 매우 미미한 수준의 지원만 받던 나라에서 샌더스의 친화력은 매우 놀라운 것이었다 (Panitch and

Gindin, 2018: 41-46).

그러나 그 시기 라틴아메리카에서의 부흥은 기력이 다한 것처럼 보였다. 브라질의 경우, 호세프는 탄핵당했고 룰라는 범법행위를 이유로 수감되었으며, 2018년에는 우파인 볼소나로(Jair Bolsonaro)가 대통령으로 선출되었다. 베네수엘라에서는 차베스의 후임자인 마두로(Nicolas Maduro)가 그의 권위주의체제와 석유 부국 베네수엘라의 경제 붕괴에 반대하는 대규모 시위 중에 권력을 유지하고자 고군분투하고 있었다. 그리스의 시리자는 2015년 공직선거 이후 긴축정책을 받아들일 것을 강요받고 있었는데, 이는 유럽연합(EU: European Union)과 국제통화기금(IMF: International Monetary Fund)으로부터 재정지원을 받기 위해 필요했다 (Karyotis and Rüdig, 2018: 167). 시리자가 항복한 데에 대해 좌파 일각에서는 비난을 하기도 했다. 그러나 급진적인 변화를 시도하는 것은 노동계급이나 그리스의 다른 사회적 약자들에게 훨씬 더 큰 경제적, 사회적 문제를 일으킬 수도 있었다 (Panitch and Gindin, 2018: 53-63). 급진적인 생각을 가졌던 새로운 사회주의 운동이나 정당들은 약간의 진전을 얻을 수는 있었지만, 자본주의 질서의 수호자들은 그들이 쥐고 있던 경제적 권력을 내려놓으려 하지 않았다.

소련과 동유럽의 마르크스-레닌주의가 무너진 지 4반세

기가 흐른 뒤, 호네트(Axel Honneth)는 『사회주의 재발명 (*The Idea of Socialism*)』에서 사회주의가 아직은 강하고 열정적인 지지를 받을 수는 있지만, 그럼에도 불구하고 여전히 매우 제한적이라고 말했다. 그에 따르면(Honneth, 2017: viii), 사회주의는 "여전히 활력은 있지만, 단지 우리가 초기 산업주의 시대의 지적 맥락으로부터 그 핵심 생각을 뽑아내고 이를 새로운 사회경제적인 틀에 배치할 수 있을 때만 그러하다." 사회주의는 사실 언제나 변화하는 환경에 대응하면서 진화해왔고 재구성되어왔으며, 이를 통해 자본주의의 기득권에 자극을 주곤 했다.

우리는 지금까지 사회주의의 문제점과 전망, 최근의 발전들에 대해 정리하였다. 이어지는 서론 부분은 사회주의의 유형과 사상의 역사, 그리고 그것들이 발전해 온 맥락을 자세히 살펴볼 것이다. 그러나 우선 이미 여러 번 언급해 온 주요 개념을 확실히 할 필요가 있는데, 바로 이데올로기 (ideology)이다.

이데올로기로서의 사회주의

'이데올로기'라는 단어는 다양한 의미로 사용된다. 때로는 사회주의를 포함하여 지나치게 열성적이라고 여겨지는 교리들에 대해 경멸적인 의미로 쓰인다. 이는 트라시(Antoine

Destutt de Tracy)가 사상에 대해 연구할 때 사용했던 본래의 '이데올로기'와는 아주 다른 의미이다 (Freeden, 2003: 4-5). 이후의 정치적 저서에서 트라시의 사용법이 그대로 사용된 경우는 드물다. 마르크스의 경우, 사람들이 이익을 얻기 위해 정당성을 꾸며내며 오해를 불러일으키던 교리나 철학을 지칭하는 데에 이 단어를 대안적으로 사용하였다 (Parekh, 1982: 1-14). 오늘날 연구에서 '이데올로기'에 대한 해석은 그 어느 때보다도 광범위하게 이용되고 있다. 이데올로기는 규범적이기보다는 기술적으로 여러 방식으로 표현되고 있으며 여기에서 언급할 세 가지 중 특히 마지막세 번째 해석은 다른 두 가지 해석을 일목요연하게 요약하고 있다.

첫 번째 해석은 1970년대에 셀리거(Martin Seliger, 1976: 175-208)에 의한 것으로, 그는 이데올로기에는 두 차원이 있다고 말했다. 사상, 이론, 비평 등과 같은 근본적인 차원과 정치적 운동이나 행동과 같은 작동적인 차원이다. 작동적인 차원은 근본적인 차원을 기반으로 한다. 한편, 볼과 대거(Terence Ball and Richard Dagger, 1999: 5-9)는 이데올로기가 (1) 사회적, 정치적, 경제적인 조건들이 왜 그러한지 그 이유에 대한 설명, (2) 그러한 조건들에 대한 평가, (3) 사람들이 그들의 정체성이나 사회, 모임, 계급, 운동 등 그들이 속한 곳에서의 그들의 지위를 인식하게끔 하는 방향성, (4) 실행해야 할 사회적 또는 정치적 운동을 규정하는 정치적 계획 수립이라는 네 가지 기능이 있다고 말한다. 이들 두 해석을 요약하는 견해로서 헤이우드(Andrew Heywood)는 이데올로기가 (a) 존재하는 질서에 대한 설명을 제공하고, (b) 원하는 미래의 모습으로 나아가게 하며, (c) 어떻게 정치적 변화를 일으킬 것인지를 설명한다고 주장한다. 그는 "이데올로기는 조직화된 정치적 행동, 그것이 현존하는 권력체제를 보전하든 수정하든 아니면 전복하려는 것이든 간에 이에 대해 기반을 제공하는 사상들의 일관성 있는 집합정도로 볼 수 있다"고 요약한다 (Heywood, 2012: 11).

헤이우드의 해석에 따르면, 이데올로기의 기저에 있는 사상들의 집합은 평등, 자유, 공동체, 국가, 재산과 경제에 대한 시각들을 포함한다. 이들 사상은 사회주의자들이 특별히 관심을 가지는 것들이다. 정치적 전략이 형성되는 망(matrix)으로써 함께 연결된 사상들의 집합체는 결과적으로 셀리거가 의미했던 근본적인 차원, 즉 사회주의자들이 설명도 하고 평가도 하는 그 차원을 가리키는 것이다. 더 나아가 헤이우드의 용어로 표현하면, 사회주의는 현존하는 권력체제, 즉 자본주의체제가 불합리하고 적절하지 못하며 착취적이기 때문에 전복되든지 아니면 확실하게 개혁되어야한다는 주장을 제시한다. 이는 셀리거의 작동적 차원의 맥락에서도 이해할 수 있다. 헤이우드는 조직화된 정치적 행동에 대해서도 언급하였다. 이는 볼과 대거가 사회주의와 같은 이데올로기들이 정치적 계획을 세운다고 말했을 때에 의미한 바와 같다. 사회주의는 자본주의체제에서 착취당하는 사람들에게 그들이 계급이나 집단에서 공유하고 있는 공동의 정체성을 깨닫게 하여 사회주의 운동에 참여하게끔 만드는 일관된 결집의 계기를 제공한다. 헤이우드의 설명에서 가장 중요한 점인 일관성은 볼과 대거의 방향성의 기능에서도 중요한 면으로 다뤄지고 있다.

그러나 완벽한 일관성은 드물다. 우리는 사회주의와 페미니즘이 생각, 주장, 목표들을 공유하기 때문에 때때로 서로 겹쳐진다는 점을 알고 있다. 이러한 이데올로기적 중첩은 사회주의의 교의와 자유주의 및 무정부주의의 교의들 사이에서도 찾을 수 있다. 자유주의가 본질적으로 입헌정부에 의해 자유가 보호되는, 시장경제에서 일하는 개인으로서의 사람들에 대해 숙고하는 반면, 몇몇 자유주의자들은 비록 타인의 사유재산 축적을 제한한다고 하더라도 정부가 일부 개인들을 위한 복지를 제공해야만 한다고 믿는다 (Johnston, 2010). 후자의 자유주의는 사회주의의 사회민주주의 진영과 겹쳐진다. 한편, 무정부주의는 권위에 반대하면서 근본적으로 국가를 억압의 도구로 여긴다. 몇몇 무정부주의자들은 국가 없는 사회주의가 가능하다고 주장하면서 그들 스스로를 자유지상주의적 사회주의자나 무정부-공산주의자로 여긴다 (Ward, 2004: 1-13).

이데올로기적 중첩은 이 책이 다양한 곳에서 다루게 될 현상이다. 이에 대한 사례들은, 사람들이 현대 시대의 사회적 협의나 상황들에 반응하면서 살아가도록 이데올로기들이 등장하고 발전해 온 환경을 대변한다. 이어서 19세기에 사회주의 이데올로기가 어떻게 부상하고 발전해왔는지 살펴볼 때 이데올로기 간의 공통점이 눈에 띈다면, 중첩에 대한 이 단락을 기억해 두면 좋을 것이다. 이백여 년의 발전 이후, 최근의 그리고 아마도 계속될 이 변화의 기간은 사회주의가 쇠락과 회복을 번갈아 경험하는 듯 보이는 시기이다.

사회주의의 등장과 초기의 발전

때때로 사회주의의 기원을 고대 그리스의 이론가, 활동가, 성서 시대, 초기 기독교로 추적하려는 시도가 있다. 일부 사회주의 교의는 정말로 먼 옛날로 거슬러 올라가지만, 독특한 정치 운동으로서는 19세기 초 산업혁명 동안 발전하기 시작했다 (Beecher, 2013: 369; Buzby, 2010: 1295; Lamb, 2016: 2-3). 사회주의는 삶의 방식과 도덕적 가치가 급진적인 변화를 겪었던 사회적 격변의 시기에 서유럽에서 나타났다 (Lichtheim, 1975: 10-26). 더 정확히는

1820년대에 사회주의가 출현했다. 나폴레옹전쟁은 경제적 혼란과 불만을 야기했고, 산업의 확장과 기계의 발전을 촉진했던 새로이 출현한 현대 자본주의의 불평등과 불공평을 두드러지게 했다. 고용주와 자본주의체제의 노동자들에 대한 착취는 나폴레옹의 패배 이후 몇 년간의 경제 상황으로 더욱 심화되었다 (Smaldone, 2014: 20-21). 이러한 발전은 착취로부터 해방을 추구한 사람들과 그 사람들의 경험과 요구를 분명하게 표현하는 동시에 그에 대응하여 무엇을 해야 하는지 이론화하려고 노력한 작가들로 구성된 사회주의 운동이 출현할 새로운 환경과 맞닿았다. 19세기의 첫 20년 동안, 프랑스의 푸리에(Charles Fourier)나 영국의 오언(Robert Owen)과 같은 이론가들은 스스로를 사회주의자로 인정하지 않았을 것이다. 사실 사회주의자라는 용어는 1820년대까지는 쓰이지 않았다. 그럼에도 불구하고, 그들의 사상은 사회주의의 중요한 이론적 토대가 되었다.

오언은 사람들을 가르치고 격려한다면 그들이 공동체에서 서로 협력할 것이라고 주장했다. 현대 사회에서 경쟁하는 것이 그렇게 길들여졌기 때문이듯이, 그들에게도 협력은 자연스러울 것이다. 그는 이 생각을 스코틀랜드에 있는 그의 뉴래너크 면직공장에서 실행했고, 그곳의 직원들과 그 자녀들은 좋은 보수를 받고, 교육받고, 공정한 대우를 받게 되었다. 생산과 결과에서의 성공은 그가 『사회에 관한 새로운 의견(*A New View of Society*)』(1813–1816)을 쓰도록 이끌었다. 그는 "최고에서 최악까지, 가장 무지한 자에서 가장 계몽된 자에 이르기까지 누구라도, 적절한 수단을 사용하면 어느 공동체에나, 심지어 넓게는 세계에도 가정할 수 있다"고 주장했다 (Owen, 1991: 12). 이러한 경험을 통해 급진적이 된 그는 협동마을들의 사회를 만들어야 한다고 주장하기 시작하였고, 그가 미국으로 이민을 갔던 1820년대에 그러한 사회를 건설하려고 시도했다. 비록 이 프로젝트들은 성공적이지 못했지만, 그의 생각은 큰 영향을 미쳤다. 협동조합, 즉 그들의 상호 이익을 위해 회원들이 함께 일하는 결사체는 18세기 중반부터 영국에 존재해 왔으며, 오언의 생각과 사례에서 영감을 받아 이러한 관행을 부활시키려는 운동이 일어났다 (Lamb, 2016: 105). '사회주의'라는 단어는 1820년대 후반 『런던 협동조합 매거진(*London Co-operative Magazine*)』에서 처음 사용되었다 (Smaldone, 2014: 31). 이러한 협력적 구상은 전 세계적으로 지지를 얻었고, 1895년 국제협동조합연맹(International Cooperative Alliance)의 결성을 이끌었다. 이후로 계속해서 협력에 대한 생각들은 다양한 사회주의이론과 프로젝트들에서 특징적으로 나타났다.

　사회주의는 착취로부터의 해방, 즉 자유를 위한 투쟁에 헌신하는 이데올로기로 발전했다. 자본주의의 극심한 불평등은 부당하다고 여겨졌다. 초기의 사상가들에 고무된 노동자계급 사람들은 사유재산제도에 기초한 기존의 사회 질서 안에 착취가 내재되어 있음을 알게 되었다. 그러한 사회의 대안을 찾는 과정에서 초기 사회주의자들은 국가나 다른 어떤 수준의 정치적 제도주의보다 공동 경제 협력과 조직에 더 관심을 가졌다 (Honneth, 2017: 33-35). 문제는 공동 조직이 궁극적으로 자본주의의 원활한 작동과 맞지 않는다는 것이었다. 오언과 같은 사상가들은 착취적인 소수자들이 인간 발전에 있어서 공동체의 중요성을 깨닫는다면 그들조차도 더 나은 삶을 누릴 것이라고 설득하려고 노력했다. 그러나 이러한 협력이 규범이 되기 위해 경제적, 정치적, 사회적 제도와 실행에 요구되는 격변은, 특히 현상유지로 이익이 되는 사람들에게 비현실적이라고 여겨졌다. 오언의 『사회에 관한 새로운 의견』에 따르면, 이기적인 원칙보다는 협력에 근거한 새로운 사회를 도입하는 데 도움을 주기 위해 기존 정치인들에게 의지하는 것은 헛된 일일 것이다. 왜냐하면 그들 정당의 규정들이 판단을 오도하고, 그들을 "명백하지만 가장 잘못된 자기 이익을 위해 공동체와 그들 자신의 진정한 행복을 희생하도록" 제약할 것이기 때문이다 (Owen, 1991: 61). 대신 (아마도 그 자신을 포함해서) 기존 사회의 현실을 인식하게 된 사람들에게 그러한 임무를 맡겨야 하며, 그 임무를 통해 "개인과 일반, 사익과 공익 사이에 존재하는 불가분의 연결고리를 해소할 수 있다 (Owen, 1991: 61)!"

착취는 견뎌야 할 것이라는 가정은 오언과는 매우 다른 방식으로 프랑스의 초기 사회주의자 트리스탕(Flora Tristan)에게 도전받았는데, 트리스탕은 1843년 노동자들에게 지도받기를 기다리지 말고 함께 모여 그들만의 노동조합을 만들 것을 호소했다 (Tristan, 2007: 37-41). 노동자들로 하여금 그들만의 사회주의 사회를 건설하는 것을 돕던 이러한 격려는 불과 몇 년 후에 마르크스와 그의 프로이센 라인란트 출신의 동료 지식인 엥겔스(Friedrich Engels)가 함께 1848년 『공산당 선언(*The Communist Manifesto*)』에서 프롤레타리아들에게 쇠사슬 외에는 잃을 것이 없으며 승리할 수 있는 세상이라고 말할 때까지 계속되었다. 그들은 그 혁명적인 책자 말미에 "모든 나라의 노동자들은 단결한다!"라고 썼다 (Marx and Engels, 2002: 258).

이후 수십 년 동안 사회주의는 타인을 착취하지 않고 협동하여 만족감을 주는 방식으로 자신의 재능을 발휘하고 어떻게 인간의 번영을 도모할 것인지, 평범한 사람들이 선택할 수 있는 사회를 건설하고자하는 운동으로 성장하였다. 친목회(Fellowship)와 공동체는 다양한 형태를 띠게 되었고, 다양한 사회주의 이론가들은 어떤 것이 가장 좋고 적절한지에 대한 그들의 견해를 제시했다. 친목회는 여러 다른 나라에서 온 착취당한 사람들 사이의, 국경을 넘어선 결속을 포함하는 것으로 간주되었다. 따라서 사회주의는 국제주의적 이데올로기가 되었지만, 실제로는 그러한 범세계적인 기대와는 일치하지 않았다.

『공산당 선언』에서 마르크스와 엥겔스는, 1796년 혁명기 프랑스의 마레샬(Sylvain Maréchal, 1964: 51-55)이 요약한 『평등 선언(*Manifesto of the Equals*)』에서 그 사상이 유명해진 바베프(François-Noel Babeuf)와 같은 초기 공산주의자들을 비판했다. 마르크스 이전의 공산주의자들은 공화주의자, 평등주의자, 권위주의자였기 때문에, 스스로를 사회주의자로 여기는 19세기 초반 사상가들과는 달랐다. 후자의 사상가들도 마찬가지로 보통 사람들의 이익을 위한 사회적, 정치적 변화를 원했지만 연합과 협력에 더 관심이 있었다 (Lichtheim, 1975: 28, 37-38, 58, 60-63). 1840년대에 독일의 사상가 헤스(Moses Hess)는 도덕적 혁명이 초기 공산주의자들이 요구한 수평화보다는 현실적인 목표를 가진 사회적 혁명을 가져올 것이라고 주장하며 그 차이를 좁히려고 노력했다. 이것은 차례로 초기 공산주의를 초월한 사회주의로 이어졌다.

헤스처럼 마르크스와 엥겔스(Marx and Engels, 2002: 253)는 『공산당 선언』에서 초기 공산주의의 수평화와 보편적 금욕주의를 거부하고, 초기 사상가들의 평등에 대한 극단적인 헌신으로부터 거리를 두었다. 마르크스와 엥겔스는 그럼에도 불구하고 자신들을 사회주의자라기보다는 공산주의자라고 불렀다. 그들의 새로운 사회에 대한 생각은 자본주의 사회의 생산적 역량을 공산주의자들이 이끄는 프롤레타리아계급이 차지할 것이라는 가정에 바탕을 두고 있었다. 그들의 공산주의는 "재산을 일반적으로 폐지하는 것이 아니라 사유재산을 폐지하는 것"을 주창했다 (Marx and Engels, 2002: 235). 프롤레타리아혁명 직후, 자본은 패배한 부르주아계급(생산과 자본의 수단을 소유하는 계급)으로부터 얻어질 것이다. 프롤레타리아는 "모든 생산 도구를 국가의 손에 집중화시킬 것이다"(Marx and Engels, 2002: 243). 그러면 생산력이 증가하여 초기 공산주의자들이 주창했던 금욕주의가 필요 없게 될 것이다. 마르크스와 엥겔스(Marx and Engels, 2002: 236)는 "누적된 노동은 노동자의 존재를 넓히고, 풍요롭게 하고, 촉진하기 위한 수단일 뿐"이라고 주장했다. 착취는 폐지될 것이다. 그들이 말했듯이, "공산주의는 어떤 사람에게서도 사회의 생산물을 사용할 힘을 빼앗지 않는다. 단지 그러한 사용을 통해 다른 사람들의 노동을 예속시킬 수 있는 힘을 그에게서 빼앗는 것이다"(Marx and Engels, 2002: 238).

19세기 후반 마르크스주의자들은 사회주의-공산주의 구분을 점차 버렸고, 종종 그들의 운동을 사회주의라고 불렀다. 그러나 두드러진 분열은 마르크스주의자와 무정부주의자 사이에 나타났다. 이 분열은 무정부주의와 사회주의의 차이를 더 폭넓게 반영했는데, 가장 중요하게 달랐던 점은 무정부주의자들과 달리 사회주의자들이 필요성을 인정했던 권위에 있다. 권위의 거부는 무정부주의자들이 국가에 단호히 반대한다는 것을 의미했고, 그들은 국가가 필연적으로 억압과 폭정을 영속시키기 때문에 해방을 위해 짧은 기간 동안만 이용하는 것도 할 수 없다고 믿었다. 무정부주의의 개인주의적인 변형들과는 달리, 집산주의적 무정부주의의 형태는 마르크스주의를 포함하여 해방, 평등주의, 집산주의를 다루는 사회주의와 겹쳐졌다. 그러나 결정적으로 무정부주의자들은 사회를 조직하기 위한 혁명 이후 새롭고 일시적인 형태의 국가가 필요하다는 마르크스주의의 주장에 반대했다 (Marshall, 1993: 24-28). 19세기 중반, 무정부주의 내 많은 집산주의자들은 마르크스주의자들과 함께 1864년 (나중에 제1인터내셔널로 알려진) 국제노동자기구(International Workingmen's Organization)에 가입했는데, 여기에는 특히 마르크스파와 바쿠닌(Mikhail Bakunin)의 무정부주의 진영 간의 격렬한 경쟁이 있었다 (Thomas, 1980: 249-340).

내부 분열은 1876년 제1인터내셔널의 붕괴로 이어졌다. 13년 후 제2인터내셔널이 결성되었고, 이는 마르크스주의 정당과 보다 온건한 정당으로 구성되었다 (Geary, 2003). 20세기 초까지 이 두 파의 정당들은 종종 자신들을 사회민주주의라고 불렀다. 그러나 그들은 서로 매우 달랐다.

독일 사회민주당(SPD)은 원래 엥겔스, 카우츠키(Karl Kautsky), 베른슈타인(Eduard Bernstein)을 중심으로 한 마르크스주의자들이었다. 엥겔스는 마르크스주의를 과학적 사회주의로 묘사했다. 1883년 마르크스의 장례식에서 엥겔스(Engels, 1968: 429)는 "다윈이 유기적 자연의 발달의 법칙을 발견한 것처럼, 마르크스는 인류 역사의 발전 법칙을 발견했다"고 말했다. 그는 "마르크스는 또한 현재의 자본주의 생산 방식과 이러한 생산 방식이 만들어낸 부르주아 사회를 지배하는 특별한 운동의 법칙을 발견했다"고 덧붙였다. 사실 마르크스는 1867년 그의 주요 저서인 『자본론(*Capital*)』에서 '자본주의적 생산의 자연법칙'은 사실상 '경향'이며, 경제형태 분석에서 "현미경이나 화학시약 둘 다 도움이 되지 않는다"고 강조했다 (Marx, 1976: 90).

마르크스와 엥겔스(Marx and Engels, 2002: 253-256)는 1848년 『공산당 선언』에서 오언, 푸리에를 비롯한 혁명적 계급투쟁의 필요성을 느끼지 못한 사회주의자들을 공상주의자(Utopian)라고 비하했다. 30년 후 엥겔스는 『반뒤링론(*Anti-Duhring*)』(사회주의 사상가 뒤링[Eugen Duhring]에 대한 비판)이라는 그의 주요 저작에서 공상주의자들은 그들의 관점이 주관적인 이해에 의해 좌우된다는 것을 인식하지 못한 채 그들이 진실이라고 여기는 것을 믿고 있다고 주장했다. 그는 "과학적 사회주의를 만들기 위해서는 먼저 실질적인 기초 위에 놓여야 한다"고 주장했다 (Engels, 1976: 33). 그는 정치경제학을 끊임없이 변화하는 역사적 소재를 다루는, 본질적으로 역사적인 과학으로 묘사했다. 그렇게 하기 전에 정치경제학은 "생산과 교환의 진화에 있어서 각 단계의 특수법칙을 먼저 조사해야 하며, 이 조사를 마쳤을 때만이 생산과 교환에 일반적으로 효력이 있는 소수의 일반적인 법을 제정할 수 있을 것이다" (Engels, 1976: 187). 카우츠키(Kautsky, 1936: 20)는 1887년에 조심스럽게 사회적 법칙과 과학법칙의 유사성을 강조하면서 전자를 후자의 예로서 제시하지는 않았으나, 마르크스주의에 대한 과학적 인식은 엥겔스와 카우츠키가 저명한 사상가로 있는 19세기 후반 정통 마르크스주의의 일부가 되었다.

오늘날 우리가 이해하는 용어로서의 사회민주주의로 잘 알려진 베른슈타인은 1899년 논란이 많은 저서 『사회주의의 전제조건(*The Preconditions of Socialism*)』을 출판했다. 엥겔스와 카우츠키의 가까운 동료였던 베른슈타인(Bernstein, 1993)은 마르크스주의가 최신식이 되어야한다고 주장했다. 따라서 마르크스주의가 가능한 한 느리고 민주적인 전환을 옹호할 것이며, 실제로 이것이 혁명보다 더 바람직한 것이라고 주장했다.

한편, 기독교의 윤리적 사회주의는 많은 지지를 받았다.
예를 들어, 19세기 후반 영국에서는 일부 사회주의자들이
노동교회 운동을 조직했다 (Bevir, 2011: 278-297). 종교
는, 1901년 창당부터 1934년까지 소수지만 미국 정치에서
매우 중요한 행위자였으며 11만 8,000명의 당원을 갖고 그
지도자 데브스(Eugene Debs)가 정기적으로 대통령 선거에
출마한 미국 사회당(SPA)의 주요 특징이기도 했다. SPA는
자본주의에 반대하는 캠페인을 벌였는데, 당내의 활동가들
은 자본주의를 지구상에 하느님의 나라로서 협동하는 영연
방을 건설하는 데 장애물로 여겼다. 운동가들은 예수 그리
스도를 사회주의자로, 사회주의를 종교로 묘사했다. 그들
에게는 교리적이고 분모적인 기독교를 대체할 더 보편적인
종교가 필요했다 (McKanan, 2010). 1930년대에 당내에
서 분열이 나타나면서 당의 독특한 종교적 입장을 약화되었
다. 한편 그 때 영국에서는 토니(R. H. Tawney)가 기독교
사회주의를 가장 강력하게 대변하고 있었다.

토니에게 사회주의자들은 원칙들에 호소할 필요가 있었
다. 1921년 『획득사회(*The Acquisitive Society*)』에서 그는
이것이 "사회의 상당한 재구성의 조건인데 왜냐하면 사회제
도는 개인의 마음을 지배하는 도덕적 가치의 규모를 가시적
으로 표현하는 것이고, 그 가치를 바꾸지 않고는 제도를 바

꾸는 것은 불가능하기 때문이다"라고 주장했다 (Tawney, 1961: 10). 문제는 현대사회에서 재산권과 사리사욕이 원칙적으로 인간의 필요에 따른 요구로부터 보호되는 당연하고 사적인 재산으로 여겨진다는 것이었다. 토니(Tawney, 1961: 13-14)에게 이 원칙은 다른 두 가지로 대체되어야만 하는 것이었다. 첫째, "산업은 기술적으로 가능한 최고의 서비스를 제공하는 방식으로 공동체에 종속되어야 한다." 둘째, 경제적 자유(그가 의미한 바로는 업무상의 자유)의 필수 조건으로서 산업의 방향과 관리는 "지시받고 통치받는 사람들에게 책임을 가진 자들의 손에 달려 있어야 한다." 그는 이것이 공동체의 기독교적 철학이라고 강조했다. 하나님이 평등하게 만드신 인간은 "재산이 아닌 봉사의 의무"라는 동등한 권리를 가지고 있다 (Tawney, 1961: 185).

영국의 또 다른 발전은 시드니 웹(Sidney Webb), 베아트리스 웹(Beatrice Webb), 쇼(George Bernard Shaw)를 포함한 사회주의자들이 1880년대에 결성한 페이비언 소사이어티(Fabian Society)에서 두드러지게 되었다. '페이비언'이라는 이름은 고대 로마 장군 파비우스(Fabius)의 전술에서 유래되었다. 1884년 출판된 페이비언 소사이어티의 첫 번째 책, 『왜 많은 사람들은 가난한가?(*Why Are the Many Poor?*)』 표지에서 그들은 파비우스가 한니발과의 전쟁에서 그랬던 것처럼, 사회주의자들이 인내심을 갖고 적절한 순간에 강하게 공격하라고 조언했다 (Fabian Society, 1884: 1). 페이비언들은 국가적 차원에서 강력한 국가의 인도에 따라 사회주의가 점진적으로 출현할 것이라고 확신하고 있었다. 쇼(Shaw, 1931)는 1888년 논문 "전환(Transition)"에서 이 과정을 사회민주주의로의 전환이라고 묘사했다. 그에게는 이런 일이 일어나지 않으리라는 것은 말이 되지 않았다. 그는 2년 뒤, 페이비언 소사이어티의 책자 『사회주의란 무엇인가(*What Socialism Is*)』에서 익명으로 제안하기를, "일단 사람들이 결심한다면, 사회주의의 설립은 생각한 것처럼 그렇게 어렵지는 않다"고 말했다. 그는 또한 "사상의 아버지가 되고 싶은 사람들을 제외하고는, 사회주의가 비현실적이라고 믿는 사람들은 거의 없다"고 설명했다 (Fabian Society, 1890: 3).

러시아의 레닌을 포함하여 마르크스주의자들은 자신들을 사회민주주의자라고 일컬었다. 1902년 『무엇을 할 것인가?(*What Is to Be Done?*)』에서 그는 국제 사회민주주의의 두 가지 경향 사이의 갈등을 묘사했다. 첫 번째는 혁명적이고 마르크스주의적인 사회민주주의였다. 한편 두 번째 경향은 페이비언들과 개량주의자인 베른슈타인과 같은 다양한 사상가들의 것으로, 이들은 사회민주주의를 부르주아 사회개량주의 민주정당으로 바꾸려했다 (Lenin, 1947: 8-9). 사회주의 내 사회민주주의 진영과 공산주의 간에 구분을 짓곤 했던 20세기와 21세기의 사회주의 후기 역사를 고려하면, 다소 혼란스러울 수 있다.

'사회민주주의'라는 용어를 오로지 의회적, 민주적 사회주의에만 사용하게 된 것은 마르크스주의 정당들은 스스로를 '공산주의자'라고 부르고, 개량적 사회주의자들만을 사회민주주의라고 불렸던 1917년 러시아혁명 이후의 경향이다. 많은 온건파들은 이 꼬리표를 신경 쓰지 않았고, 대신 그들의 정당과 운동을 노동, 민주적 사회주의자, 또는 단순히 사회주의라고 불렀다. 그럼에도 불구하고, 세계 대부분의 주요 사회주의 정당들은 이 구분의 어느 한 편에 속한 것으로 인식되었다.

공산주의/사회민주주의 구분이 주요 사상가, 운동, 정당, 집단에 영향을 미치는 이론의 관점에서 각각이 동질적이라는 것을 의미하지는 않았다. 중요한 점은 사회주의이론은 의식적이든 아니든 그들이 원하는 정부를 도입하거나 더 발전시키고자 하는 국가(들)의 역사적, 사회적, 문화적 조건을 고려한다는 것이다. 시드니와 베아트리스 웹(Sidney and Beatrice Webb, 1920: 310-311)은 1917년 볼셰비키혁명에 대하여 이러한 접근법을 취했고 1920년대에 발전한 영국의 독특한 사회주의 전통에 기여했다. 특히 라스키(Harold Laski)와 콜(G. D. H. Cole)이 두드러진다. 그들의 생각은 사람들이 자발적인 집단에서 협력적으로 연합하며 살 수 있다는 (결사체주의로 알려진) 확신을 국가의 강력한 역할에 대한 페이비언 사상과 결합시켰다 (Bevir, 2011: 312). 게다가 거의 비슷한 시기에 스웨덴의 영향력 있는 사회민주주의 모델이 형성되기 시작했다.

사회민주주의 정당들은 1951년 사회주의 인터내셔널의 창당을 통해 서로 연결되기 시작했다. 점점 더 다양한 노동, 사회민주주의, 급진민주주의 사회주의 정당들이 가입하게 되었다 (Lamb, 2016: 16-17, 435-437). 한편 마르크스-레닌주의자들의 다양성이 대두되었다. 예를 들어, 마오쩌둥주의의 중국 마르크스-레닌주의는 소련을 지탱하고 추진했던 스탈린의 그것과 크게 달랐다 (Holmes, 2009: 7-13).

위에서 결사체주의 전통을 언급하는 것은 공산주의-사회민주주의 이분법이 모든 종류의 사회주의 사상을 담아내지 못한다는 것을 보여준다. 일부 사회주의 운동, 집단, 정당, 그리고 그들을 고무시키는 사상과 이론들은 어느 쪽에도 느슨하게조차 들어맞지 않는다. 그러한 경우에 이론은 실질적인 지지를 받지 못하고 오히려 그 운동의 추종자 구축에 영향을 미치기를 열망하거나 의도한다. 대체적으로 그러한 이론들은 대부분 학문적이고, 그 사상가들은 이데올로기의 실행 수준에서 즉각적으로 행동을 고무시키기보다는 사회주의 운동으로 그 영향력이 점차적으로 스며들기를 기대한다. 이론과 실천에 있어서 사회주의 내부의 풍부한 다양성은 이 책의 나머지 부분에서 논의될 것이다.

사회주의의 논점들

방금 살펴 본 역사적 발전은 앞으로 이어질 장에서 사회주의의 몇 가지 주요 측면과 이데올로기 내부의 논쟁에 대한 토대를 마련하는 것을 목표로 하고 있다. 광범위한 예시들은 사회주의의 이론적 다양성을 반영하고 설명할 것이다. 각 장은 또한 논점의 질문들에 대해 사회주의자들 사이에서 발견될 서로 다른 의견들에 대해 설명할 것이다.

서론에 바로 이어지는 2장은 자유와 평등, 공동체와 같은 개념들의 사회주의이론 내에서의 위치를 고찰한다. 중첩되는 이데올로기들과 사회주의를 구분하는 특징들 중 하나가 바로 이 세 가지 개념의 독특한 결합이다. 사회주의이론에는 이러한 개념들에 대한 다양한 견해가 있다. 그럼에도 불구하고, 그 견해들은 같은 이데올로기 안에 놓일 만큼 충분한 공통점을 가지고 있다.

제3장은 국가와 경제에 대한 사회주의적 시각을 다룬다. 사회주의는 종종 경제에 대한 엄격한 국가 통제를 옹호하는 이데올로기로 묘사된다. 특히 사회주의 반대파들의 묘사가 그러하다. 실제로 사회주의의 일부 변형들에서는 국가 통제

가 주요 특징이다. 그럼에도 불구하고 국가의 역할과 사회주의 경제의 본질에 대해 다양한 관점들이 있어왔다.

모든 사회주의자들이 기존 자본주의 경제와 이를 수호하는 국가의 역할을 비판하지만, 국가와 경제가 어떻게 변해야 하는지에 대해서는 다양한 견해를 갖고 있다. 사회주의는 한 국가의 권위적인 지배세력으로 상당히 고착화되었지만 아직 원하는 결과는 얻지 못했을 때에도 그 변화의 요건들에 계속해서 집중했다. 따라서 제4장에서는 이데올로기 내의 다양성과 중요한 관련성들이 논의되는 정치적, 사회적 변화를 살펴본다.

몇몇 중요한 사회주의 목표와 프로그램의 사례들은, 20세기와 21세기에 사회주의자들이 제시한 새로운 사회를 위한 청사진들을 검토하는 5장에서 논의된다. 다시 한 번 다양성과 관련성들을 발견할 수 있을 것이다. 전부 또는 대부분의 사례들이 그들이 목표로 하는 새로운 사회에 대한 명확한 비전을 제공한다는 의미는 아니다. 사실, 일부 사회주의자들은 한 가지를 제시하는 것도 원치 않는다. 그러나 제5장에서 다루게 될 바와 같이, 몇몇 주목할 만한 경우들에서 사회주의자들은 명확한 견해를 가지고 있고, 게다가 그들의 청사진을 실행에 옮기려고 시도하고 있다.

결론에서는 이 책에서 논의된 주제들이 최근의 이데올로기 변형들에서 어떻게 발견될 수 있는지를 고찰한다. 사회주의가 등장하고 성장한 세계와는 매우 다른 세계에서의 사회주의 전망에 대해 논의된다. 사회주의는 많은 좌절 속에 살아남았지만, 여전히 현재에도 적어도 과거만큼 어려운 도전과 장애에 직면해 있음을 보일 것이다.

2장

자유, 평등, 공동체

사회주의는 다양한 형태로 평등의 철학을 통합한다. 뉴먼
(Michael Newman, 2005: 2)은 "평등주의적 사회 창조를
위한 헌신이 사회주의의 가장 근본적인 특징"이라고 주장
한다. 뉴먼은 평등주의가 사회주의 정치철학과 배타적으로
연관되어 있다고 주장하지도 않았고, 페미니즘, 무정부주
의, 자유주의와 같은 다양한 이데올로기들이 다른 방식으로
평등주의적이라는 사실을 간과하지도 않았다. 예를 들어,
자유주의는 형식적인 평등과 동등한 인간 가치의 평등에 노
력을 다한다.

　사회주의는 인간의 실제적 상황의 차이를 어느 정도 평등
주의적으로 좁혀 집단적 자기 발전을 이룰 수 있도록 하겠

다는 약속을 핵심 신념으로 가지고 있다. 그러나 이러한 이데올로기에 못지않게 중요한 다른 중심 특징들이 있다. 첫째, 공동체 유대감은 사회주의적 평등주의와 타인에 대한 착취(사회주의자에 따르면, 자본주의 혹은 적어도 불충분한 규제자본주의에서 일어나는 착취)를 극복하거나 줄이려는 그의 약속에 필요한 마음가짐이다. 그러한 유대감이 없다면, 평등에 대한 다짐은 자유주의와 같은 또 다른 이데올로기가 차지할 것이다. 둘째, 사회주의자들은 인간의 번영을 위해 필요한 일종의 자유에 대한 책무가 있다고 주장한다. 자유와 평등 모두에 대한 사회주의자의 노력은 에셀(Stephane Hessel)이 2010년에 출판한 영향력 있는 책에서 매우 명확하게 표현되었다. 그는 "역사의 방향은 닭장 속 여우와 같이 구속 없는 자유는 아닐지라도, 더 많은 정의와 자유를 향해 있다"고 주장했다 (Hessel, 2011: 23). 사회주의 내의 다양성에도 불구하고 어떤 변형들은 다른 변형들보다 상당히 권위주의적이지만, 우리는 평등부터 시작함으로써 사회주의의 자유, 공동체, 그리고 다른 가치와 교의들을 더 잘 이해할 수 있다.

사회주의적 평등과 공동체

일부 사회주의자들은 다른 사람들보다 평등주의적인 측면

에서 더 앞서간다. 그럼에도 불구하고 중요하게도 (마르크스가 나중에 매우 비판적이었던) 18세기 후반과 19세기 초반의 공산주의자들 이후, 자유를 해칠 수도 있는 생각, 즉 평등한(equal) 대우가 똑같은(identical) 대우를 수반한다고 주장하는 사회주의자들은 거의 없다. 대부분의 사회주의자들은 적절하게 공식화된, 평등이 더 폭넓게 받아들여질 만한 방법으로 발전시킬 수 있는 종류의 자유를 상당히 강조한다.

코언(G. A. Cohen)은 21세기 초에 적당한 용어들로 평등을 설명하려고 시도하면서, 타당한 평등은 기회의 평등의 급진적인 형태라고 주장했다. 이 급진적인 형태는 "사회적 불행을 반영하는 불이익이든 자연적 불행을 반영하는 불이익이든 간에 그 스스로 합리적으로 책임을 질 수 없는" 모든 불이익을 시정하고자 한다 (Cohen, 2009: 18). 코언(Cohen, 2009: 13)은 이를 '기회의 사회주의적 평등'의 원칙이라고 부르며, 이 원칙이 허용하는 불평등이 너무 커지도록 해서는 안 된다고 주장했다. 그렇지 않으면 사회주의 사회는 곧 자본주의 사회로 되돌아갈 것이다. 그가 제안한 것처럼, 사회주의 사회가 그러한 복귀를 피하려면 공동체의 원칙이 매우 중요하다 (Cohen, 2009: 24-43).

기회의 평등에 대한 표준적 자유주의 교리에 대한 코언의 비판은 비록 매우 다른 방식이긴 하지만 1930년대 토니가 제시했던 것과 유사하다. 『평등(*Equality*)』에서 토니(Tawney, 1931: 142)는 자유주의 교리는 "올챙이 철학인데, 왜냐하면 자유주의가 제시하는 사회악에 대한 위로가 예외적인 개인들은 그것을 피하는 데 성공할 수 있다는 진술 안에 포함되어 있기 때문이다"라고 묘사했다. 이러한 예외적인 개인들은 그들이 대부분의 올챙이들에게는 없는 적절한 자질을 가지고 태어났거나 이를 개발한 것이 단지 운 때문만이었다 할지라도, 최고의 올챙이들이 개구리가 되는 것처럼 번영한다. 성공한 개구리들은 올챙이들에게 동등한 기회가 있었기 때문에 그들의 성공은 정당했다는 의견을 가질 수 있다. 이후 코언처럼 토니도 기회의 평등에 대한 급진적인 의견을 받아들일 수도 있겠지만, 어쨌든 그 이하는 아님을 그의 올챙이 비유 뒤의 단락에서 알 수 있다.

> 물론, 한 공동체가 침체를 피하기 위해서 새로운 인재의 흐름을 끌어당겨야 하는 것은 사실이다. … 그러나 상승의 기회들이 실질적 평등의 많은 부분을 대체하는 것은 아니며, 소득과 사회적 조건의 선명한 불균형을 중요하지 않게 만들지도 않는다. 이와 반대로, 상승할 수 있는 기회를 퍼뜨리고 일반화할 수 있는 것은 높은 수준의 실질적 평등일 뿐이다. (Tawney, 1931: 143)

다른 많은 영국 사회주의자들 특히 노동당의 사회주의자들은 자유(liberty/freedom), 평등, 공동체의 조합에 대해,

심지어 이들 개념에 대해 혹은 이들을 어떻게 순위를 매겨야 하는지에 대한 합의가 없었음에도 불구하고 주장해왔다 (Beech and Hickson, 2007: 3-6). 예를 들어, 1920년대 초, 콜은 결사체주의자로서 집단과 공동체의 회원자격이 삶에 중요하다고 생각했다. 그는 『사회이론(*Social Theory*)』에서 공동체는 사회보다 더 근본적인 '사회생활의 복합체'라고 강조했다 (Cole, 1923: 25). 후자는 공동체가 만든 조직화된 단체들과 기관들로 구성된다. 공동체는 공통적이지만 끊임없이 변화하는 관습, 관례, 전통에 의해 함께 묶인 사회적 관계 속에 공동의 목표와 관심사를 의식하는 사람들을 포함한다. 개인은 특정 목적을 위해 형성된 결사체와는 연결되지만, 더 넓은 선한 삶을 위해 존재하는 공동체에는 속해 있다. 공동체는 탄력적이며, 그들의 현실은 변화무쌍한 구성원들의 의식 속에 구성되어 있다. 따라서 '공동체'는 주관적인 용어이다.

콜의 사회주의의 국제주의적인 측면은 사람들이 동시에 하나 이상의 공동체에 속할 수 있으며 각각은 '사회적 삶에 포함된 원'이라는 그의 제안에서 분명히 드러난다. 그는 "여기저기 있는 가족의 많은 원들은 도시의 더 넓은 원들에서 도출되고, 도시의 여기저기 많은 원들은 지방이나 국가의 훨씬 더 넓은 원들에서 나오는 한편, 국가의 원들은 세계 문명 자체의 더 넓고 더 국제주의적인 원들에서 도출될 수 있다 "(Cole, 1923: 26). 넓은 원이 반드시 좁은 원을 흡수할 필요는 없으며, 각각은 삶의 포괄적인 중심이다. 상충되는 충성심 사이에서 판단을 내려야하는데, 이는 공동체의 의무를 이행하려면 협력이 필요하다는 것을 보여준다. 콜 (Cole, 1923: 22)에게 "결사체나 기관의 '의지'와 같은 것은 엄밀히 말하면 없다. 단지 회원들의 협력의지가 있을 뿐이다." 그럼에도 불구하고 그는 구조적 원칙이 각각의 사회적 집단을 "적어도 일관된 전체로 나아가는 것"으로 만든다고 강조했다 (Cole, 1923: 47-48). 공동체의 경우 이 원칙이란 통일감과 사회적 유대감이다.

결사체와 기관으로 돌아가서, 콜은 각각에게 적절한 원칙은 곧 그 기능이라고 주장했다. 사회, 즉 제도와 결사체의 복합체는 그러한 주체가 사회적 복지에 필요한 상호보완적인 방식으로 기능을 수행할 때 일관성이 있다. 결사체가 사회 전체의 기능에 관계 없이 또는 전체의 이익과 타협할 수 없는 목적에 따라 일하는 한, 일관성 있는 사회의 발전은 좌절되고 지연된다 (Cole, 1923: 50).

공동체의 중요성에 대한 사회주의의 뚜렷한 강조는 오언과 푸리에의 저작에서 찾을 수 있다. 1808년, 초기 사회주의의 주요 저서 중 하나인 오언의 『사회에 관한 새로운 의견』과 함께 널리 알려진 『4대 운동에 대한 이론(*The Theory of the Four Movements*)』에서 푸리에(Fourier, 1996: 12)

는 연합적인 공동체는 사람들이 고립된 가족의 공동체보다 훨씬 더 많은 것을 양보할 수 있게 하고, 따라서 그들에게 부와 즐거움을 모두 제공할 수 있다고 주장했다. 푸리에는 일련의 단체에 대한 계획을 고안했다. 그 단체들은 기능적인 이유로 연합하려는 사람들에 의해 형성될 것이다. 푸리에(Fourier, 1996: 13)에 따르면, 일련의 연합적 단체들은 자기이익을 위해 협력하기 시작할 테지만, 일련의 단체들이 서로 마주치면서 화합과 통합을 추구하는 인간의 성향을 깨닫게 될 것이다. 그는 "이 지구상에서 가장 놀랍고 행복한 사건, 즉 사회적 혼돈에서 보편적인 화합으로의 전환"을 위한 수단을 발견했다고 믿었다 (Fourier, 1996: 4).

서론에서 언급되었듯이, 『공산당 선언』은 푸리에와 오언과 같은 사상가들을 공상주의자라고 비판한 것으로 유명하다. 마르크스와 엥겔스(Marx and Engles, 2002: 253-256)는, 모두의 선을 위해 일하려는 그 어떤 현실적인 시도들이 일어나기 전에 계급 분열, 불평등, 착취가 있는 기존의 사회는 전복될 필요가 있다고 주장했다. 그럼에도 불구하고 그들은 그러한 사회의 세부사항을 거의 고려하지 않았음에도 미래 사회에서 공동체를 중요하게 여겼다. 그들이 평등과 공동체에 대한 끊임없는 우려와 자유라는 명확한 목표가 결합된 유명한 문장에서 말했듯이, "이전의 부르주아 사회 그리고 그 사회의 계급과 계급 적대감 대신 우리는 결사체를 가질 것이며, 그 안에서 각각의 자유로운 발전은 모두의 자유로운 발전을 위한 조건이 될 것이다"(Marx and Engels, 2000: 262). 그들이 2년 전 『독일 이데올로기(*The German Ideology*)』에서 제시할 때까지, '공동체'라는 용어는 한 계급이 다른 계급에 대항하여 결집하는 사회에 적용되었고, 따라서 이는 실제 공동체의 발전에 족쇄가 되었다. 따라서 이전의 공동체들은 환상에 불과했다. 그들은 "진정한 공동체에서 개인은 그들의 결사체 내에서 그리고 그를 통해서 자유를 얻는다"고 말을 이었다 (Marx and Engels, 1974: 83).

이처럼 마르크스는 평등에 대해 상당히 미묘한 복잡한 견해를 가지고 있었다. 비록 코언(Cohen, 2000: 2-3)은 그가 젊었을 때 그리고 마르크스주의자가 된 후 몇 년 동안에도 그 이데올로기에 환멸을 느꼈다고 주장했지만, 후기 평등이론들은 코언의 이론처럼 마르크스의 저작과 뚜렷한 연관성이 있었다. 평등에 대한 마르크스적 관점의 복잡성을 인식하려면, 『공산당 선언』에서 그와 엥겔스가 초기 혁명가들이 주창했던 수평화를 거부했던 점에 주목해야 한다. 마르크스와 엥겔스는 그들의 저작이 필연적으로 반동적인 성격을 가지고 있었다고 주장했다. 이는 프롤레타리아가 발전되지 않은 형태였고, 현대 자본주의를 특징짓고 해방을 가능하게 한 선진적인 경제적 조건이 없는 상황이었기 때문이며, 그 결과가 바로 "가장 투박한 형태의 보편주의 및 사회적 수평화"였다 (Marx and Engels, 2002: 253).

마르크스의 평등에 대한 사상의 깊이는 고타강령(Gotha Programme)에 대한 그의 대응에서도 잘 드러난다. 이 강령은 라이벌이었던 독일의 두 사회주의 정당, 즉 그와 엥겔스가 함께 지지했던 사회민주노동당과 독일 사회주의 운동에서 마르크스의 라이벌이었던 라살레(Ferdinand Lassalle)의 사상에서 영감을 받은 독일노동자협회의 1875년 합병의 일환으로 나왔다 (McLellan, 2006: 403-407; Sperber, 2013: 525-528). 이 강령은 라살레의 견해를 주로 반영했다.

마르크스는 고타강령에서 표현된 평등에 대한 라살레의 견해가 너무 미숙하다고 생각했다. 마르크스(Marx, 1968b: 321)는 1875년 『고타강령 비판(Critique of the Gotha Programme)』에서 "각자 능력에 따라 일하고, 각자 필요에 따라 받는다!"라고 외쳤다. 프랑스 사회주의자인 블랑(Louis Balnc)이 채택한 이 평등주의 구호는 잘 알려져 있다. 다만 마르크스가 앞뒤 본문에서 어떤 말을 했는지 살펴볼 필요가 있다. 그렇게 함으로써 다른 방식으로 이해하지 않고 평등에 대한 다소 미묘한 주장으로 인정할 수 있다. 마르크스에 따르면, 사회가 여전히 부르주아에 의해 지배되고 있는 동안 또는 사회가 여전히 자본주의일 때, 동등한 권리에 대한 라살레의 요구는 전적으로 불충분하고 부적절했다. 문제는 "재화와 등가물의 교환에서와 같은 원칙, 즉 한 형태로 주어진 노동력을 다른 형태로 동일한 금액의 노동력으로 교환하는 원칙이 만연하다는 것이다"(Marx, 1968b: 319-320). 그러므로 차이를 고려하지 않는다면 동등한 권리라는 것은 여전히 원칙적으로 부르주아적 권리일 것이다. 그러나 마르크스는 사회가 그러한 모든 차이를 적절히 수용하기 위해 단순히 개혁될 수 없다는 것을 확실히 인식하고 있었다. 그가 말했듯이, "권리는 사회의 경제 구조와 그에 따라 좌우되는 문화 발전보다 결코 높을 수 없다"(Marx, 1968b: 320). 따라서 "각자 자신의 필요에 따라 받는다"가 장기적인 목표가 되어야 할 필요가 있는데, 왜냐하면 그러한 신속하고 근본적인 변화를 한꺼번에 기대하는 것은 비현실적일 것이기 때문이다. 사회는 여전히 단기적으로 자본주의 원칙들과 이론들에 의해 좌우될 것이다. 이러한 조건의 설정은 마르크스가 16년 전 『정치경제학 비판(*A Contribution to the Critique of Political Economy*)』 서문에서 생산의 관계는 생산력이 도달한 발전 단계에 해당하며, 그러한 관계는 "사회적 의식의 명확한 형태이며, 법적, 정치적 상부구조의 실제적 토대를 형성한다"라고 서술하였을 때 염두에 두었던 것이다 (Marx, 1968c: 181).

1930년대 초, 혁신적인 마르크스주의자인 그람시(Antonio

Gramsci)는 이탈리아 파시스트 정권이 자신을 감금했던 감옥에서 글을 썼고, 대중의 의식이 때로는 무력이나 강요에 의존하지 않고 형성되는 방법에 대해 생각했다. 그는 사회의 본질에 대한 이해와 기대, 기존 경제관계의 자연성, 합리적으로 요구할 수 있는 변화나 개혁의 종류와 정도에 대한 이해와 기대를 통해 얻은 동의를 바탕으로 헤게모니이론을 지배의 한 형태로 제시했다. 각 질서의 헤게모니에 대한 대중의 자발적인 동의는 "생산의 세계에서의 그 위치와 기능 때문에 지배 집단이 누리는 명성(그리고 그에 따른 자신감)에 의해 달성된다"(Gramsci, 1971: 12).

마르크스는 그람시가 헤게모니라고 언급한 것을 극복하는 문제에 대해 어느 정도 예견했다. 『고타강령 비판』에서 마르크스는 혁명의 두 단계를 옹호했다. 첫 단계에서 부르주아 원칙은 유지되고, 각각은 그들이 생산한 것과 동등한 권리를 평등하게 갖게 될 것이다. 그 목적은 후기 자본주의 사회를 생산력과 개인의 능력을 향상시키는 사회로 발전시키는 것이다. 중요한 점은 문화도 바뀌어서 사람들이 그들의 노동의 일부 결실을 다른 이들만큼 생산할 수 없었던 사람들이 이용할 수 있음의 적법성을 인정하게 될 것이다. 그러므로 공산주의의 상위 단계에서 권리는 평등하기보다는 불평등할 것이다. 각자 능력에 따라 생산하고 그들 자신과 가족을 위해 필요한 것을 가져가라는 마르크스의 구호는 이처럼 새로운 문화에 따라 받아들여질 것이다.

마르크스와 엥겔스는 『공산당 선언』에서, 권력을 장악한 공산주의자들이 민주주의가 노동계급을 위해 일할 사회적, 경제적 조건을 달성토록하기 위해 일시적으로 도입한 엄격한 조치들을 옹호했다. 이 점을 이해하려면, 자본주의 사회에서 참정권 확대를 통한 정치적 평등이 아직 도입되지 않았다는 것을 기억해야 한다. 노동계급혁명의 첫걸음은 마르크스와 엥겔스(Marx and Engels, 2002: 243)가 "민주주의의 전투에서 승리하기 위해 프롤레타리아를 지배계급으로 격상시키는 것이다"라고 선언했다. 기존의 사회경제적 조건들과 무엇이 정상적이고 가능하며 수용 가능한지에 대한 가정들은 비록 정치적, 민주적 조치가 시행되더라도 노동계급은 이를 통해 거의 성취할 수 없을 것이라는 것을 의미했다. 마르크스와 엥겔스는 급진적 민주주의를 도입하는 것뿐만 아니라, 이 장의 앞부분에서 인용한 문장에서와 같이 해방된 개인들이 모든 동료들과 함께 자기발전을 위한 자유를 누릴 수 있도록 하는 것에 관심을 가졌다. 이에 따라 사람들이 서로 경쟁하고 착취하려는 기존 사회보다 더 큰 수준의 자유가 달성될 수 있다. 이는 이 장의 뒷부분에서 확실해지듯이 자유에 대한 적극적인 개념으로 알려진 것이다.

따라서 마르크스는 평등, 민주주의, 자유, 그리고 이 세 개념 사이의 관계에 대한 정교한 견해를 가지고 있었다. 더

군다나 마르크스, 코언, 영국노동당의 이론가 크로슬란드(C. A. R. Crosland)와 같은 현대 사회민주주의자들의 의견에는 각각 사회주의자로 분류될 만큼 공통점이 많다. 예를 들어, 1950년대에 크로슬란드(Crosland, 1956)는 사회정의의 평등주의적 목표는 기존에 깊이 뿌리박힌 영국과 같은 현대 민주주의 국가들의 계급 계층화를 약화시키는 것이며, 그 과정이 이미 진행 중이라고 주장했다. 제4장과 제5장의 논의처럼, 마르크스와 크로슬란드 사이의 근본적인 차이점은 후자가 급진적인 행동이나 정치적, 사회적 격변 없이 계급에 기초한 착취가 근절되고 실질적인 평등이 달성될 수 있다고 믿었다는 것이다.

사회주의적 평등의 확장

계급에 기반한 착취를 근절하기 위해 정치적, 사회적 격변을 가져올 급진적인 행동이 필요하든 필요하지 않든, 좌파 내 논쟁에서 점점 더 부각되고 있는 질문은 사회가 어떻게 변화되어야 하는지를 고민할 때에 사회주의자들이 그러한 착취너머를 보아야만 하는지에 대한 것이다. 코언으로 돌아가 보자면, 그에게 급진적인 기회 균등의 구현은 어떤 집단의 사람들이 그들의 상황과 사회 다른 구성원들 사이의 차이를 좁히기 위해 매우 분명히 다르게 대우받아야 한다는 것을 의미할 것이다. 이것은 사회주의적 평등일 것이며, 능력과 필요에 대한 그의 발언으로 판단했을 때 마르크스는 코언의 의견에 동의했을 것으로 보인다. 마르크스와 코언 모두에게, 모든 사람들의 욕구는 충족되어야 하는 것이며 각 사람은 다른 사람들과 협력하거나 그들에 대한 착취 없이 번영할 수 있는 기회를 제공받을 것이다. 이것은 장애인이나 차별에 시달리는 다양한 집단의 사람들에게 적용될 수 있는데, 이 경우 문제의 관행과 태도가 제거, 폐지 또는 변경될 수 있도록 사회의 측면에 어느 정도 더 많은 관심이 필요할 수 있다. 따라서 기회의 경제적 불평등을 줄이는 것이 사회주의 이념의 중심이지만, 다른 종류의 불평등 또한 우려되는데 이는 그것들이 다양한 방식으로 경제적 평등과 착취와 종종 연관되기 때문이다.

보편주의 원칙을 바탕으로 사회주의자들은 여성에 대한 성차별과 인종차별과 동성애 혐오를 포함한 다른 중요한 문제들에 대한 견해와 토론을 전개하기 시작했다. 때때로 특정 집단에 대한 차별은 그 집단이 경제적 불평등을 겪는다는 것을 의미한다. 예를 들어, 그들은 특정한 직업을 갖는데에 실패하거나 그들의 필요가 채워지지 못할 수 있다.

사회주의 평등의 확대에 대한 사례는 미국의 많은 사상가들에 의해 간단명료해졌다. 1980년대 후반 색스(Karen Brodkin Sacks)에게 요점은 "누구도 일반 노동자나 필수

노동자에게, 또는 그 문제에 있어, 노동계급 의식을 기대해서는 안 된다. 계급은 역사적으로 특정한 방식으로 훈련받을 뿐 아니라 인종적, 성적, 친족에 특화된 방식으로도 훈련받는다"는 것이었다 (Sacks, 1989: 542). 그녀의 표현대로 "주요 쟁점은 특이성에 주목하면서도 계급과 계급 의식의 통일성과 공통점을 어떻게 찾을 것인가"였다 (Sacks, 1989: 543). 1980년대 초반에 공산주의자이자 페미니스트인 데이비스(Angela Davis)는 차별에 대한 투쟁 사이의 연관성에 대해 언급했다. 그녀는 "인종차별주의는 처음부터 노동자들이 서로와 경쟁하게 해서 백인 노동자들로 하여금 단지 그들의 피부가 록펠러씨처럼 하얗다는 이유만으로 흑인이나 치카노(Chicano, 멕시코계 미국인 – 역자 주), 푸에르토리코인 또는 인디언 원주민 형제자매들보다 그들의 압제자와 더 공통점이 많다고 믿게끔 만들 수 있게 만드는 데에 항상 이용되어왔다"(Davis, 1982: 8). 차별철폐조치는 인종차별주의와 싸우기 위해 맨 먼저 실시된 것이라고 언급하면서, 그녀는 후자는 "우리가 계속 나아가 노동계급 사람들, 여성들, 장애인들, 동성애자들인 우리에게 영향을 미치는 몇몇 승리들을 성취하려면 반드시 제거해야만 하는 어떤 것"이라고 주장했다 (Davis, 1982: 8). 1952년, 스몰(H. L. Small)은 대체로 무시되었던 "사회주의와 성(Socialism and Sex)"이라는 제목의 논문에서 중요한 자유지상주의적 원칙으로서 남녀를 불구하고 법적인 성인이라면 이성이든 동성이든지 그가 원하는 사람과 제재의 두려움 없이 자유롭게 성관계를 가져야한다고 주장했다. 이는 "각각의 '성적 일탈자'에게 법적인 탄압과 같은 법적 제재에 대한 두려움, 협박 등이 그의 마음에서 영원히 사라지는 것"을 의미할 것이다 (Small, in Phelps, 2007: 13).

스몰은 계속해서 그러한 자유는 "해방된 개인이 일상생활의 업무를 더 효과적으로 일하고 생각할 수 있도록 하는 사용가능한 자유의 영역"을 의미했다. 펠프스(Christopher Phelps, 2007: 12)가 시사하듯이, 스몰은 사회주의자들에게 좁은 경제 용어를 뛰어넘는 의미에서 그들의 약속과 목표를 이해하라고 촉구한 것이다. 데이비스, 색스, 스몰, 펠프스는 각각 왜 사회주의자들과 차별을 겪고 있는 집단의 구성원들이 공동체와 사회의 더 큰 선을 위한 투쟁에서 협력해야 하는지 설명하는 것을 돕는다.

마르크스주의적 페미니스트인 미첼(Juliet Mitchell, 1975)은 1970년대 노동계급 여성들이 이중적 투쟁을 벌여야 한다고 주장했다. 첫째, 자본가 착취에 대항하는 계급투쟁에서 여성들과 남자들은 서로 협력해야만 한다. 둘째, 여성들은 가정에서의 노동 착취에 대항하는 그들만의 정치 운동 내에서 일할 필요가 있다. 집안일은 여성이 팔 수 있는 노동력을 줄어들게 하고 값싸게 만든다. 그러한 일은 두 가지 면에서 자본주의에 유용하다. 첫째, 이는 동등한 가치의 재화나 용역으로 교환할 수 있는 것을 생산하지 않기 때문에 시장 가치가 있는 것은 아니지만, 현 세대와 미래 세대의 사람들이 자본주의 경제에서 일할 수 있는 여건을 제공한다. 둘째, 미첼은 소비자로서 여성의 필수불가결한 역할은 그것이 뒷받침하는 자본주의체제를 위장하고 정당화하면서 지당한 듯 보인다고 지적했다.

또한, 1970년대에 로보텀(Sheila Rowbotham, 2013: 178-182, 194-201, 208-234)은 차별에 도전하기 위해서는 사회주의자들이 다름의 공개적인 표현을 장려해야 한다고 주장했다. 만약 차별에 직면한 다른 집단들과 연결된다면, 이는 그들을 사회주의자로 끌어들이는 데 도움이 될 것이다. 따라서 사회주의와 페미니즘의 이데올로기적 중첩은 그녀의 주장에서 보면 명백하다. 로보텀은 레닌주의의 권위주의적이고 위계적인 원칙이 사회주의적 페미니스트의 위계에 대한 거부와 양립할 수 없다고 반박했다. 그녀는 자본주의가 전통적인 노동계급뿐만 아니라 정체성과 문제가 인정되어야 하는 다양한 다른 집단들을 착취한다고 주장한다. 집단에 대한 초점이 사회주의의 사회성을 유지하고 있다. 현재 개인주의 원칙에 의해 정당화된 기업 자본주의에 도전하기 위한 수단으로 노동계급을 포함한 그러한 집단의 연합이 필요하다. 사회주의자와 페미니스트는 공산주의적 유대관계가 이루어지는 동안 자본주의 착취를 극복하거나 상당히 완화하기 위해 협력할 필요가 있다.

　로보텀처럼 라클라우(Ernesto Laclau)와 무페(Chantal Mouffe)는 노동계급의 투쟁과 자본주의에 대항하는 다른 집단의 투쟁을 결합시키려 했다. 1985년, 라클라우와 무페의 영향력 있는 저서 『헤게모니와 사회주의 전략(*Hegemony and Socialist Strategy*)』에서 사회주의 전략의 중요성은 두드러졌지만, 그들은 사회주의가 선행되어야 한다는 가정이 없어도 사회주의자들이 현대 자본주의 사회에서 억압과 싸우는 다른 운동들과 결합할 필요성을 인식해야 한다고 믿었다. 로보탐과 달리 라클라우와 무페는 사회주의자가 되도록 다른 집단의 구성원들을 설득하는 것에 관심이 없었다. 급진적 민주주의를 위한 모든 계획은 "사회주의적 차원을 내포하는데 이는 그것이 수많은 종속 관계의 근간인 생산의 자본주의적 관계를 종식시키는 데에 필요하기 때문이다. 그러나 사회주의는 급진적 민주주의를 위한 계획의 한 가지 요소일 뿐이며 그 반대가 아니다"라고 주장했다 (Laclau and Mouffe, 1985: 178). 반식민주의, 반인종차별주의, 환경주의, 게이와 레즈비언 운동도 마찬가지로 심각한 억압의 형태를 강조했다. 이러한 운동은 자본주의의 지배력을 뒷받침하는 기존의 헤게모니 권력에 대항하여 함께 일할 필요가 있었다. 반대파는 억압에 대항하는 다양한 투쟁을 함께 할 수 있도록 동등성의 사슬을 확장하고 확보하게 하는 해방적 담론의 결합 안에, 다양한 집단을 통해 대항 헤게모니를 구축하고 분명히 표현해야 할 것을 요구했다 (Laclau and Mouffe, 1985: 159-171). 기존의 헤게모니에 대한 투쟁에서 사회주의자들은 정체성과 문화가 계급만큼이나 동등하게 중요하다는 것을 받아들여야만 했다.

1903년 독일의 마르크스주의자인 젯킨(Clara Zetkin)과 같은 일부 사회주의적 페미니스트들은 일반적인 여성에 대한 착취를 지나치게 강조하는 것을 경고하면서, 이것이 부르주아 여성과 노동계급 여성 사이의 방대한 불평등을 감추는 역할을 한다고 주장했다. 젯킨은 사회주의적 사회가 이루어지기 위해서는 프롤레타리아, 특히 프롤레타리아 여성들이 정치적 권력을 정복하는 것이 중요하다고 말했다. 그는 이것이 "여성을 사회적 노예에서 자유로 이끄는 고통스러운 발전의 길"이라고 주장했다 (Zetkin, 1990: 240).

젯킨에 비해 프레이저(Nancy Frase, 1995)는 훨씬 더 복잡한 접근법을 취했다. 프레이저는 정체성과 문화를 강조함으로써 계급과 자본주의의 착취로부터 관심을 돌리는 것에 문제제기를 하면서, 각 분야에서 해결해야 할 진정한 문제가 있음을 인정했다. 그녀는 인종이나 성별을 이유로 경제적 착취와 차별을 동시에 겪는 사례에 주목했다. 또한 변혁적인 해결책은 경제와 정치에서 사회주의적 조치의 도입과 문화적 이분법의 해체적인 해결의 결합이라고 주장했다. 이분법적 반대는 틀렸다고 밝혀질 것이며 따라서 문화적 평등이 성장할 수 있도록 장려될 것이다. 10여년 전 영국의 대처(Margaret Thatcher) 보수정부 시절, 루이스(Jane Lewis, 1983: 120)는 노동당이 다시 집권하면 민주적 사회주의 사회를 어떻게 건설해야 하는지 권고한 책에서 "형식적인 성평등보다는 실제적인 성평등 추구"로 사고를 전환할 것을 주창했다. 이것은 성평등의 정당성에 의문을 제기하면서 가족과 직장 내에서 일의 재정립을 수반할 것이다.

때때로 결부되곤 하는 조잡한 수평화보다 훨씬 다양하고 미묘한 그리고 정교한 사회주의는 또한 평등이 가장 근본적인 특징이라는 뉴먼의 주장보다 더 복잡하다. 자유는 사회주의자들에게 똑같이 중요한데, 그러한 자유가 무엇을 수반하는가에 대한 상당한 의견 차이에도 불구하고 그러하다. 호네트(Honneth, 2017: 6-26)가 분명히 밝혔듯이 지역사회의 다른 구성원들과의 연대와 협력으로 자유가 가장 잘 성취될 수 있다는 믿음은 운동 초기부터 사회주의 사상의 핵심이었다. 18세기 철학자 루소(Jean-Jacques Rousseau)의 영향은 이러한 점에서 중요하다.

루소의 영향

크릭(Bernard Crick, 1987: 10)에 따르면, 루소는 일반인을 이상화하는 사람이었다. 이 일반인은 산업혁명의 현대적 노동계급이라기보다는 소작농, 장인, 소상인이었다. 루소는 계급이나 재산 자체를 비난하지 않고 단지 자존심, 사치, 권력을 통한 그들의 남용만을 비난했다. 크릭(Crick, 1987: 10)은 "루소의 도덕적인 특성들은 다소 시골적이고, 확실히 산업화 이전의 것이지만", 그럼에도 불구하고 "계급을 의식하고 있는 도시의 노동자에게도 쉽게 이식될 수 있다"고 말했다.

결코 모든 사회주의자들이 루소의 중요성을 알거나 인정하는 것은 아니다. 그러나 그의 평등주의, 공산주의, 자유지상주의 사상의 조합은 자본주의 사회의 조건에 대한 불만을 표출하는 환경을 조성하는 데 도움을 주었다. 이 점에서 중요한 것은 루소의 "인간 불평등 기원론(Discourse on the Origin of Inequality)"과 『사회계약론(*The Social Contract*)』이었다.

루소는 1755년 "기원론"에서 현대 사회와 법은 평범한 사람들이 "그들의 자유를 보장받기를 바라며 쇠사슬로 곤두박질쳤을 때" 생겨났다고 말했다. 이는 결국 "가난한 자들에게 새로운 족쇄를 채우고, 부자들에게 새로운 힘을 주었다. 그것은 자연의 자유를 돌이킬 수 없이 파괴하고, 재산과 평등의 법칙을 영원히 고정시켰으며, … 소수의 야심찬 개인들의 이익을 위해, 모든 인류에게 영원한 노동, 노예, 그리고 비참함을 강요했다"(Rousseau, 1993a: 99). 푸리에(Fourier, 1996: 281)는 루소의 문명에 대한 관점을 "자연의 소망을 뒤집은 것이며, 모든 악의 체계적인 발전"이라고 찬사를 보냈다. 마르크스와 엥겔스(Marx and Engels, 2002: 253-256)는 『공산당 선언』에서 푸리에가 프롤레타리아(노동계급)혁명의 필요성을 인식하지 못한다고 비판했지만 자본주의에 대한 그의 비판에는 감탄했다(Beecher, 2019: 219, 226). 이렇듯 루소의 영향력은 부분적으로나마 푸리에를 통해 그들에게까지 미쳤다. 비록 루소를 찬양하는 것을 꺼렸지만, 마르크스는 1875년에 그의 생각을 받아들였다. 사회 밖에서는 '유용한' 노동이 불가능하다는 고타강령의 애매모호함을 비판하면서, 마르크스(Marx, 1968b: 316)는 오직 사회에서만 "쓸모가 없고 심지어 해로운 노동이 이득이 되는 직업의 한 부분이 될 수 있으며 … 정리하자면 루소의 전부를 그대로 베낄 수도 있을 것이다"라고 덧붙였다. 마르크스는 사회주의자들이 해야 할 일은 "노동자들의 사회적 저주를 풀어줄 수 있고 풀어지게끔 만드는" 물질적 조건이 이미 발달했음을 증명하는 것이라고 주장했다. 따라서 노동자들은 그들 스스로를 해방시킬 것이다.

1762년 『사회계약론』에서 루소는 일반의지(general will)에 대한 그의 이론을 제시했는데, 이는 만약 사람들이 그들의 최고의 이익이, 집단적으로 공동체 내 다른 사람들의 이익처럼 공공의 이익과 일치한다는 것을 알게 된다면 사람들이 그렇게 할 것이라는 의미이다. 루소는 사람들이 자율성(자치를 의미)과 자유를 이런 방식으로 실현할 수 있으며(Rousseau, 1993b) 자유로워지는 것을 강요받을 필요가 있다고 주장했는데 이는 그들이 그것이 최고의 이익임을 받아들이게끔 된다는 의미이다. 아마도 수사적인 것이긴 하지만, 자유의 강요는 권위주의적이고 심지어 전체주의적인 의미를 내포하고 있어 많은 사회주의자들에게 받아들여지기 어렵다. 그럼에도 불구하고 우리의 최고의 이익이 공통적으로 공유된다는 것을 인정한다는 개념은 공감을 불러 일으켰다. 예를 들어, 콜은 일반의지를 통해 사람들이 자율성을 얻을 수 있는 덜 권위적인 방법을 찾고자 했다 (Lamb, 2005).

콜(Cole, 1914-1915: 149-150)은 자신의 논문 "상충하는 사회적 의무들(Conflicting Social Obligations)"에서 "합리적인 사회이론의 열쇠는 반드시 일반의지에 대한 어떠한 개념에서 찾아야 한다"고 주장했다. 이러한 집단적 의지는 각자가 자신의 의지의 개별적인 측면을 무시하고 그 의지의 사회적 측면을 생각할 때 생겨난다. 사회적 조직 또는 '사회적 기계'는 콜(Cole, 1914-1915: 141)에게 '인간의지의 조직'이다. 상충되는 경우, 사회적 의무는 협력적 행동의 도구로서 공동체 전체에 가장 잘 봉사하는 기계에 기인한다.

11년 후 콜은 자신의 논문 "충성(Loyalties)"에서 그가 충성보다는 의무에 초점을 맞췄던 것이 개인의 의무를 지나치게 강조해 사회성을 부적절하게 고찰했다는 것을 인정했다. 사회성은 결사체 내에서 인간들 간의 협력적인 관계에서 나타나는 자연적인 의지의 일부였다. '충성'은 "함께 살고 일할 수 있는 능력의 전반적인 기반인, 우리 모두의 공통된 정서"를 의미했다 (Cole, 1925–1926: 154–155). 사람들은 보편적으로 의지가 있는데 이는 조화를 요구했으며 결국 "적어도 공동의 계획에 대한 개괄적인 개념"을 필요로 했다 (Cole, 1925–1926: 162). 사회가 번영하려면 개인의 반사회적 동기가 극복되어야 했다. 이것은 사람들이 자연에 대한 그들의 힘을 주장할 수 있도록 하기 위한 최선의 물질적 자원사용과 사회제도들의 조화를 필요로 할 것이다 (Cole, 1925–1926: 169). 이처럼 인간에게 당연하게 여겨졌던 사회성은 육성되어야했다. 개인적 인간관계에 의해 만들어진 사회성에 대한 이러한 강조는 혼자 행동하는 개인으로는 성취할 수 없는 번영을 사람들이 이룰 수 있는 환경이 조성될 수 있다는 사회주의적 관점의 전형적인 예시가 된다. 이렇듯 사회적 자유는 박애, 연대, 평등과 양립할 수 있다.

반대 사상을 억압하지 않는 사회주의 사회에서 당국은 도전에 직면할 수 있다. 이 경우 평등과 자유를 결합하려는 시도는 실패할 수 있다 (Connolly, 1977). 교육과 사회화는 대부분의 사람들이 자신이 원하는 것을 할 수 있는 소극적인 자유, 즉 평등과 양립할 수 있는 자유가 더 중요하다는 것에 동의하는 상황을 만들어낼지도 모른다. 그럼에도 불구하고 저항하는 소수자들은 여전히 일리가 있다. 사회주의적 평등과 사회주의적 자유(freedom 또는 liberty)는 운 평등주의로 알려진 것을 포함한다. 기술, 지식, 활력, 체력, 창의력, 진취성 등의 면에서 불행한 사람들은 보상받을 것이고, 이것은 행운아들이 개별적으로 성취할 수 있는 것에 대한 제약을 수반할 것이다. 예를 들어, 조세는 노력의 이용, 즉 행운이 부족한 이들을 돕는 행운아들의 노력을 뜻한다 (White, 2007: 91-92). 노력의 이용에 대한 강한 도덕적 주장이 있을 수는 있지만, 이는 다음과 같은 문제를 불러 일으킨다. 이전에 운이 좋았던 사람들은 그들이 선호했던 의미의 자유에 따르면, 평등의 이익을 침해당해 고통받고 있다고 말할 것이다.

따라서 사회주의자들은 그들의 입장을 정당화할 방법을 찾아야 하는데, 그들이 끌어낼 수 있는 평등과 자유에는 다양한 종종 경쟁적인 의미가 있다. 자유(freedom)나 자유(liberty)에 대한 소극적인 개념과 적극적인 개념 사이에는 중요한 차이가 나타나는 경향이 있다. 즉 구속으로부터의 자유와 무언가를 할 수 있는 자유로 자주 이해되곤 하는 구별이다. 그러나 이것은 두 가지 이유로 도움이 되지 않는다. 첫째, ~으로부터와 ~을 할이 생략되거나 언급되지 않았다 해도, 구속으로부터의 자유는 곧 무언가를 할 수 있는 자유이며, 그 반대도 마찬가지이다. 둘째, 구별은 다른 방식으로 적극성을 인식하는 또다른 해석으로 인해 혼란을 일으킨다. 그러한 해석은 (a) 공식적인 자유(간섭의 부재)와 실질적인 자유(무엇을 할 수 있는 능력 그리고/또는 힘이 있음)를 구별하는 것과 (b) 자신이 원하는 것을 하는 것과 자율성을 갖는 것 사이의 구별을 고려하는 것이 포함된다 (Swift, 2001: 51-64). 일부 사람들(아마도 특정 정당에 속한 사람들)이 특정 사상을 추천하고 다른 사상들은 단념시킴으로써 다른 사람들을 자율성으로 이끌 수 있다는 주장을 동반할 때, 후자는 권위주의 또는 전체주의의 기반이 될 수 있다. 이러한 적극적/소극적이라는 이원적 대립론에 대한 그 이상의 구분은, 우리가 이 장의 앞부분에서 보았듯이 호네트의 연구에서 본 사회주의적 자유의 해석에 대해 자세히 설명하는 데 도움이 되지 않을 것이다. 그러나 이 구분은 특정 사회주의자들이 무엇을 제안하고 있는지 그리고 그들의 주장이 설득력이 있는지를 명확히 하는 데 도움을 줄 수 있다.

사회주의이론에서의
적극적 자유와 소극적 자유

마르크스와 엥겔스가 부르주아 사회의 계급 적대감과 계급 분열을 사람들이 집단적으로 자유로운 발전을 누리는 공산주의 사회로 대체할 것을 주장한 『공산당 선언』에서 적극적 자유에 대한 해방이론의 초기 사례를 볼 수 있다. 자율성의 측면에서, 마르크스와 엥겔스는 공산당이 사람들이 그러한 조건을 달성하도록 돕는 교육적 역할을 할 것이라고 믿었던 것으로 보인다. 마르크스와 엥겔스가 중요했던 사회주의 전통의 적극적 자유지상주의적 측면은 후기 마르크스-레닌주의 이론가들에 의해 권위주의적 용어로 해석되었다. 이는 다시 한번 실질적인 자유와 자율성의 관점에서 해방을 위한 전략으로 볼 수 있다. 물론 달성 가능한 것으로 간주되는 실제적인 자유 그리고/또는 자율성을 얻으려는 노력은 하고 싶은 것에 대한 제약, 즉 그의 삶에 대한 간섭의 정도가 지나치면 가치 있는 추구가 아니라고 주장할 수 있다. 자유에 대한 적극적인 개념이 적용될 수 있으면서 극단적으로 권위주의적이고 심지어 전체주의적인 용도를 보여주는 예는 1920년대 스탈린의 저술에서 찾을 수 있다. 다만 먼저 마르크스의 핵심 용어 중 하나를 소개할 필요가 있다.

『고타강령 비판』에서 마르크스(Marx, 1968b: 327)는 '프롤레타리아의 혁명적 독재'라는 용어를 사용했다. 그러나 이것을 억압적인 독재정권에 대한 직설적인 요구로 해석하는 것은 그가 말하고자 했던 바를 놓치는 것이다. 독재에 대한 주장은 그가 같은 저작에서 평등에 대해 표현했던 견해와 실제로 『공산당 선언』과 같은 저술에서의 자유에 대한 그의 견해와 양립할 수 없는 것처럼 보일 것이다. 마르크스는 이것이 사회에 공산주의의 상위 단계가 도입되기 전의 과도기를 위한 것이어야 한다고 주장했다. 따라서 프롤레타리아 독재는 선진사회를 위한 영구적인 준비로 의도된 것이 아니었다. 게다가 프롤레타리아 독재는 20세기까지는 그에 대해 매우 권위적인 함축을 내포하고 있지 않았다. 고대 로마 공화국에서의 원래의 사용과 일관되게, 마르크스 시대의 '독재'는 공화국을 수호하기 위해 통치자에게 부여된 짧은 과도기적 협정을 의미했다 (Fraser and Wilde, 2011: 78). 수단들은 확고하고 권위적일 것이지만, 오늘날 그 용어가 의미하는 것처럼 억압적이고 전제적이지는 않았다.

스탈린은 프롤레타리아 독재에 대한 마르크스의 다소 모호한 개념을 받아들였고 그것을 문자 그대로 현대적 의미의 독재, 즉 단호한 권위주의적 형태의 리더십이라고 해석했다. 여기에서는 그러한 리더십은 소비에트 공산당의 선봉대에 의한 것이었다. 자유에 대한 중요한 함의는 스탈린이 프롤레타리아 독재정권을 구조와 메커니즘, 기능 면에서 '지도하는 힘'으로 묘사한 것에 먼저 주목함으로써 알 수 있는데, 스탈린은 이를 허리띠와 지렛대의 체계로 묘사했다. 그는 "프롤레타리아는 허리띠들, 지렛대들, 그리고 지도력이 필요한데, 왜냐하면 그것들 없이는 승리를 위한 전투에서 조직적이고 무장된 수도를 마주한 무기 없는 군대와 같기 때문이다"라고 주장했다. 이에 누가 또는 무엇이 지침을 제공하는지에 대한 의문이 제기된다. 스탈린(Stalin, 1928: 418)은 다음과 같이 답한다. "이 모든 것들에 있어서 지도하는 힘으로서의 당의 중요성은 헤아릴 수 없다. 프롤레타리아 독재는 그 자체로 운영되는 것이 아니라, 당의 힘과 당의 지도 아래서만 작동할 수 있다."

스탈린(Stalin, 1928: 110)에 따르면 프롤레타리아 독재는 '프롤레타리아혁명의 지주, 그 핵심 수단'이었으며, 그 첫 번째 목적은 "패퇴된 착취자들의 저항을 무너뜨리는 것"이었다. 이러한 권위주의적이고 비타협적인 목표가 아직 자유라고 일컬어지지는 않았지만, 스탈린이 독재의 다음 행보로 삼게 될 것은 중요하다. 그는 독재정권이 "혁명을 사회주의의 완전한 승리, 최종 승리로 이끌어야 한다"고 주장했다 (Stalin, 1928: 110). 이어지는 다음 문장에서 그 의미는 더욱 확실해 진다. "프롤레타리아 독재하에서만 착취당한 대중의 진정한 자유가 있을 수 있고, 프롤레타리아 독재하에서만 노동자와 농민이 실질적으로 나라의 운영에 참여할 수 있다" (Stalin, 1928: 116). 새로운 형태의 국가 조직은 "모든 형태의 억압과 착취"로부터 "노동하는 대중"의 "완전한 해방"을 가져올 것이다 (Stalin, 1928: 119). 이론적으로 프롤레타리아와 착취당한 농민들이 적극적인 의미에서 실질적인 자유를 얻는 동안, 착취하는 소수의 권리는 제한될 것이다. 소비에트 권력은 행정권과 입법권을 하나의 기관으로 통합하고 이는 "다수결적 독재의 전형"이 될 것이다 (Stalin, 1928: 120).

직감적으로, 과거 정권에서 극심한 고난을 겪었던 사람들에게 스탈린의 사회주의적 자유가 단기적으로 받아들여질 수 있다고 해도 그 혹독한 독재정권에 대한 불만이 커지기 시작했던 것으로 보인다. 1989년 동유럽에서 일어난 혁명들은 그 해 중국 천안문 광장에서의 시위와 마찬가지로 이러한 직관을 입증하는 데 도움이 된다. 강경한 스탈린주의자들은 이것이 사회주의 사회에서 시민들의 마음을 타락시키는 서구의 영향의 작용이라고 주장할 수 있다. 그러나 그러한 주장을 진실처럼 들리게 하는 권위주의적 사회주의 통치에 반대한 저항의 사례는 너무나 많다. 따라서 사회주의 자유라는 보다 수용 가능한 형태를 위해서는 다른 데를 보아야 한다.

니에레레(Julius Nyerere)의 아프리카 사회주의 구상은 조금 더 나아간다. 니에레레가 총리로 임명되면서 탕가니카는 1961년 영국으로부터 독립했다. 그는 다음 해에 대통령이 되었고 1964년에 국명은 탄자니아로 개칭되었다. 이후 20년 동안 니에레레는 사회주의의 핵심 교리와 전통적인 아프리카 가치를 결합한 사회를 건설하는 시도를 주도했다. 자유에 대한 사회주의적 비전이 이 구상의 핵심 특징이었다. 그가 '우후루(Uhuru)에서 우자마(Ujamaa)까지(자유에서 사회주의로)'라는 글에서 밝혔듯이, 그와 탕가니카 아프리카민족연합(TANU: Tanganyika African National Union)의 동료들은 "모든 시민들이 그들의 공공선을 위해 자유, 존엄, 평등 속에서 함께 일하는 사회를 만들기 위해" 노력해 왔다 (Nyerere, 1974: 8). 인종주의적 통치, 경제적 지배, 빈곤, 부정, 억압, 그리고 서구로부터 나온 사상에 대한 정신적 예속으로부터의 자유가 주요 목표에 포함되었다. 따라서 이 목표는 구속으로부터의 자유라는 중요한 소극적인 요소를 포함했다. 다만 니에레레가 이 구상에서 겪은 어려움과 실수에 대한 설명을 자세히 들여다보면 중요한 적극적인 요소도 있다.

니에레레 정부는 1965년 일당제를 도입했다. 그의 표현에 따르면, 사람들은 "여러 TANU 의회 후보들 사이에서 선택할 수 있었고, 따라서 TANU에 대한 충성심을 의심하지 않고 개인에 대한 그들의 의견을 표현할 수 있었다" (Nyerere, 1974: 5). 초반 몇 년 동안 새로운 정치체제에서 상당한 진전이 있었지만, 그는 "우리가 지지하는 사회주의가 국내 정책에 일관되게 반영되고 있지 않다"고 인정했다. 문제는 "우리의 정책들이 정치지도자들과 새로 교육받은 젊은이들의 개인주의적 태도와 열망을 발전시키고 있다"는 것이었다(Nyerere, 1974: 6). 1967년 TANU의 아루샤선언(Arusha declaration)에 따르면 사회주의는 자주와 능동적인 민주주의를 수반한다. 니에레레는 1974년, 계속되는 빈곤, 불평등, 영양실조, 교육의 부족이 탄자니아가 사회주의 국가가 되지 못했다는 의미임을 인정했다. 그럼에도 불구하고 그와 그의 정당은 여전히 "협력에 기반을 두고 인간에 의한 인간의 착취를 배제하는 사회"를 만듦으로 사회주의를 건설하고 있다고 주장했다. 사람들은 "공동의 이익을 위해 협력적 생산에 협력하고 있었다" (Nyerere, 1974: 7).

비록 서구의 민주주의 형태를 따르지는 않았지만, 니에레레에게 있어서 일당체제의 여당은 민주적으로 운영되고 있었다. 1961년 그가 일당 통치에 대한 주장을 펼쳤듯이, 전통적으로 아프리카 부족 사회는 심지어 족장이 있는 사회도 토론에 의해 사업을 수행하는 동등한 사회였다. 이러한 민주주의의 아프리카식 형태는 경쟁하는 정당들을 필요로 하지 않았다. 더군다나 탄자니아는 다른 신생 아프리카 독립사회와 마찬가지로 비상상황에 처해 있었으며, 서구 민주주의국가의 정당들은 그가 옹호하던 일당 통치와 달리 국가

정부를 구성하기 위해 그들의 의견 차이를 내려놓았다는 사실을 기억해야 한다. 민주주의 국가에서 자유의 적에 맞서 싸우는 것은 정부의 책임이었다. "그러기 위해서는 일단 자유롭게 선출된 정부도 국민들의 최고의 이익을 위해서는, 그리고 사보타주의 두려움 없이 자유롭게 통치할 수 있어야 한다"고 그는 주장했다 (Nyerere, 1997: 159). 니에레레는 TANU 후보자 중에서 선택하는 것이 선거인들이 자율성을 얻는 방법에 대한 적절한 지침을 받게 할 것이라고 믿었다고 추측할 수 있다. 따라서 니에레레의 자유는 효율성과 자율성 측면에 적극적인 개념이었다. 그것은 권위주의적이었지만 스탈린보다는 적들과 덜 공공연하게 대립했는데, 아마도 억압에 있어서 스탈린은 단순히 덜 표리부동했을지도 모른다.

자유에 대한 덜 권위주의적이면서 적극적인 해석은 영국 노동당의 사상가 라스키(Harold Laski)의 『정치학 입문(*A Grammar of Politics*)』에서 찾을 수 있다. 그는 자유는 "적극적인 것"이며 이는 "단순히 구속의 부재를 의미하지 않는다"고 말했다. "자유는 사람들이 최고의 자아가 될 수 있는 기회를 갖는 분위기를 열심히 유지하는 것"을 의미했고, "최고의 자아란 우리 능력의 완전한 발전"을 의미했다 (Laski, 1925: 142). 이러한 발전을 위해 필수적인 조건들 위에 세워진 국가는 "시민들에게 자유를 주고", 그들이 "그들의 독특하고 친밀한 경험을 공동의 무리에 기여"할 수 있도록 할 것이다. 따라서 이것은 자율성과 효과성의 측면에서 적극적인 자유였다.

라스키의 적극적 자유에 대한 생각에는 독재적인 지도는 없다. 그는 "자유는 단순히 규칙에 복종하는 것이 아니다"라고 말했다. 그렇게 자유를 축소시키기에는 각자의 자아는 다른 자아와 너무 뚜렷이 달랐다. 그는 공통의 규칙과 제한이 있어야 한다고 주장하면서 다음과 같이 설명하였다.

> 공표된 금지규정들은 그것들이 영향을 미치는 사람들의 의지에 따라 만들어져야 한다는 점이 자유에 있어 필수적 … 이다. 나는 내 의지가 그 자체로 권력자들을 명심하게 할 수 있는 방안에 접근할 수 있다고 느낄 수 있어야만 한다. 만약 나온 규율들이 내 면밀한 조사나 비판의 범위를 벗어난다고 느낀다면, 나는, 필수적인 면에서, 자유롭지 못할 것이다. (Laski, 1925: 143)

비록 자유를 의지로 해석했지만, 라스키가 루소이론의 강압적인 측면을 거부한 이유는 그것이 "국가로 표현되는 진정한 자아에 대한 일종의 영구적 감독", 그로써 자유가 "강제감으로 뒤덮이게 될 것"을 지지했기 때문이다. 이것은 라스키(Laski, 1925: 30-31)에게 '의지의 마비'에 해당한다.

라스키의 자유이론의 비권위주의적 성격은, 비록 초기 그의 적극적 이론과 사실상 크게 다르지 않았다 해도, 그가 『현대 국가에 있어서의 자유(*Liberty in the Modern State*)』에서 소극적으로 묘사한 정의를 제시했을 때 입증되었다. '자유'라는 말은 이제 "현대 문명에서 개인의 행복에 필요한 약속들인 사회적 조건들의 존재에 대한 구속의 부재"를 의미했다 (Laski, 1930: 11). 이전의 이론에서 완전히 벗어난 것으로 보일 수 있는 지점에서 그는 "자유는 본질적으로 구속의 부재이다"라는 가설을 유지하고 있다고 강조하면서, "확장하기 위한 힘, 외부로부터 강제되는 금지 없이 개인이 그 자신의 삶의 방식에 따른 선택"임을 암시했다 (Laski, 1930: 11). 따라서 루소가 사람들이 "자유를 강요당할 수 있다"고 말한 것은 틀렸다고 그는 덧붙였다. 라스키(Laski, 1930: 12-13)는 "자유를 구속의 부재로 만듦으로써, 나는 물론 나는 그것을 순수하게 소극적인 상태로 만든다"라고 확언했다.

라스키는 특정한 종류의 소극적인 자유에 대해서도 생각하였다. 그는 고용 안정을 박탈당한 사람이 "자유의 본질과 양립할 수 없는 정신적, 육체적 노예의 먹잇감이 된다"고 시사했다. 경제적 안보가 곧 자유는 아니었지만, "자유 없이는 전혀 효과적이지 않은 상태"였다고 말했다. 마찬가지로 지식의 박탈은 "자유를 부정하는 것"이 아니라 "자유를 위대한 목적을 위해 사용할 힘을 부정하는 것"이다. 이것은 "불가피하게 누군가가 자신보다 더 운이 좋은 이들의 노예가 되게 할 것"이다 (Laski, 1930: 14).

스스로를 혼란스럽게 하는 듯 보였던 그의 글에서, 라스키는 사회적 자유에 대한 소극적인 개념을 찾고 있었다. 바로 자기발전에서 제약의 부재를 요구하는 자유와 자유의 단일 사례를 구별하는 것이었다. 아마도 그는 소극적 개념에 대해 연구하려 하기보다는 오히려 이전의 적극적 개념을 재정립했어야 했다. 하지만 적극적인 면을 포기한 그의 동기를 고려해 볼 때 그의 노력을 살펴 볼 수 있다. 그는 이탈리아에서 적극적 개념을 조작한 일에 대한 직접 보고에 두려워했었다. 파시스트 지도자 무솔리니(Banito Mussolini)와 그의 충성스런 철학자인 젠틸레(Giovanni Gentile)는 표면상 자유라는 것을 사람들이 받아들이기를 강요하는 정책과 행위들을 정당화했다 (Lamb, 2004: 79).

자유와 평등의 양립은 많은 다른 사회주의자들이 다루려고 했던 문제이다. 이들은 각자의 방식을 통해서, 평등사회가 각 사람이 타인과의 유대감 속에서 착취로부터의 자유(freedom)나 자유(liberty)를 누리는 사회가 될 수 있다고 주장한다. 그러한 결합을 간접적으로도 포함하지 않는 이론은 보통 사회주의 진영 밖에 있는 것으로 명백하게 알아차릴 만하거나, 아니면 이론이 추종자를 얻는 데 성공적인 가장무도회를 제공하는 경우에는 자신과 사회주의에 모두 불명예를 가져온다. 명백한 예는 히틀러(Adolf Hitler)의 독일에서의 국가사회주의이다. 나치즘은 사회주의의 핵심인 자유와 평등의 결합과 같은 것을 끌어오지 않았다. 그러한 용어들로 파시스트 관행을 정당화하려는 이론들은 사회주의에서는 설 자리가 없었던 위계, 우월성, 억압의 필요성을 정당화하는 주장들과 사람들을 동원시키기 위한 신화들에 기반을 두었다. 미헬스(Robert Michels), 드 맨(Henri de Man), 모즐리(Oswald Mosely)와 같은 이전의 사회주의자들은 파시즘과 나치즘을 자본주의 권력에 대항하는 수단으로 정당화하려는 이데올로기적 변형을 만들어냈고, 스턴헬(Zeev Sternhall, 2979: 371–379)은 이를 신사회주의라 일컬었다. 그러나 자본주의에 대한 그러한 반대는 부분적인 것이었다. 다른 파시스트 운동과 정권들처럼 나치즘은 금융자본에 반대했지만, 자본주의의 다른 많은 부문과는 협력했다 (Neocleous, 1997: 39–58). 따라서 명시적인 이데올로기적 중첩은 입증되지 않았고 국가사회주의에 '사회주의'라는 단어를 사용하는 것은 부적절하다. 물론 스탈린 치하의 마르크스-레닌주의는 똑같이 잔인하고 권위주의적이었다. 그러나 정당화 과정에 제시된 주장들은 잔인하고 권위주의적인 사회주의의 주장들이었고, 다른 사회주의자들은 이에 대해 불편해했다.

　사회주의의 한 극단에서 다른 쪽으로 가 보자면, 노동당 당수인 블레어의 사회-주의는 자유(freedom)나 자유(liberty)에 대한 직접적인 언급을 피했음을 알 수 있다. 계급

간의 협력을 상상하는 블레어는 많은 사회주의자들이 보기에 지나치게 낙관적이었다. 그러나 사회주의적 원칙들은 사회성에 대한 그의 견해, 평등과 공동체에 대한 그의 개념, 자본가를 설득하는 방법으로 자본주의의 지배를 윤리적으로 극복하려는 그의 생각에서 찾아볼 수 있다. 그는 좌파가 "신 경제 안에서 개인의 번영할 능력을 동등하게 하고 발전시킬" 정책에 개입해야 한다고 주장했다 (Blair, 1994: 5). 아마도 블레어가 적극적-소극적 자유에 대한 구분의 지적인 왜곡을 피한 것은 현명했다. 그러나 해방의 목적에 대한 직접적인 언급이 없다면 사회주의는 목표로 가는 길에 자본주의가 놓아 둔 장애물들의 중대함에 대한 이해와 그 정체성을 모두 잃을 위험이 있다. 다음 장에서는 국가에 대해 한편으로는 수단으로, 그러나 다른 한편으로는 목적에 대한 장애물로 바라본 사회주의의 관점들을 살펴 볼 것이다.

3장

국가와 경제

사회주의자들은 자본주의 경제체제 내에서 운영되는 기존 국가를 어떻게 다루어야 하는지에 관한 서로 다른 견해를 가지고 있다. 어떤 이들은 재산체제에 묶여있는 자본주의 국가는 파괴되어야 하고 진정한 노동자들을 대표하는 국가로 대체되어야 한다고 주장한다. 권력을 잡고 있는 마르크스-레닌주의자들은 그들이 말하는 새로운 국가가 이를 수행하며 사회주의 사회를 건설하는 과정에 있다고 주장해왔다. 다른 사회주의자들은 현재의 국가가 공유재산제를 도입하는 수단이 될 수 있거나 혹은 덜 급진적으로는 재산 소유권을 규제하기 위해 이용될 수 있다고 주장한다. 또한 상당한 권력을 기존 국가에서 결사체로 이양하고 그에 따라 사회, 경제, 그리고 재산체제를 조직하는 다양한 방법을 모색하는 사회주의자들도 있다. 개혁 국가를 추구하든 사회주의의 목적으로 새롭게 설계된 국가를 추구하든, 문제는 경제에 있어 국가개입이 필요한 정도에 관한 것이다.

이러한 문제들을 고려하면서 사회주의자들은 사유재산이 인민의 합리적인 삶의 기준을 짓밟으며 사회적 자유를 얻는 것을 막는 한, 다양한 방법으로 이를 규제하거나 폐지하려고 한다. 사회주의자들이 동의하는 한 가지는 사회주의 경제는 자본주의 재산체제를 변하지 않게는 할 수 없다는 것이다. 이 장에서는 이러한 합의와 이견에 대한 사항을 살펴보고, 이어서 사회정치적 변화를 어떻게 이끌어낼 것인가에 대한 사회주의 관점을 4장에서 논의하게 될 것이다.

국가의 본질

마르크스와 엥겔스의 『공산당 선언』의 잘 알려진 구절은 전통적으로 독일어에서 영어로 다음과 같이 번역된다. "현대 국가의 행정부는 단지 부르주아 전체의 공동사를 관리하는 위원회일 뿐이다"(Marx and Engels, 2002: 221). 그러나 문장의 표현에 대해서는 약간의 이견이 있다 (Lamb, 2015: 34-35). 카버(Terrell Carver)의 번역본에는 행정부도 위원회도 언급되지 않고 "국가의 권력은 부르주아 전체의 공동사를 관리하는 장치일 뿐이다"와 같은 문장을 제시한다 (Marx and Engels, 1996: 3). 그러나 중요한 것은 이러한 번역들이 더 좁은 관심사들에 대한 부르주아계급 내의 분열에도 불구하고 국가가 전체 부르주아계급의 더 큰 이해관계를 대표한다는 마르크스와 엥겔스의 관점을 설명한다는 것이다. 각 번역본은 정치적이고 법률적인 상부구조가 사회의 경제구조를 기반으로 하면서도 이를 반영한다는 마르크스의 1859년의 주장과 일치한다 (Marx, 1968c: 181).

『공산당 선언』은 1848년 실패했던 파리와 다른 유럽의 수도들의 혁명 기간 동안 발간되었다. 마르크스는 1851년 프랑스 부르주아의 여러 파벌들이 루이-나폴레옹(Louis-Napoleon)의 권력 장악을 받아들이고 그의 독재 통치를 용인하게 된 사건에 대해 논의한 『루이 보나파르트의 브뤼메르 18일(*The Eighteenth Brumaire of Louis Bonaparte*)』에서 국가의 권력과 부르주아계급의 공동사에 대한 비슷한 견해를 제시했다 (이 저술의 제목은 1799년 루이 나폴레옹의 삼촌 나폴레옹 보나파르트[Napoleon Bonaparte]가 브뤼메르[Brumaire]의 달[프랑스혁명력의 제2월, 10월 22일부터 11월 20일까지의 기간 – 역자 주]에 권력을 장악했다는 사실을 다루고 있다). 마르크스(Marx, 1968d)는 부르주아계급이 분열된 반면, 그 여러 분파는 질서를 유지함으로써 국가가 유지하는 이익을 공유한다고 주장했다. 이처럼 그는 국가의 상대적 자율성으로 알려지게 된 것에 대해 토론하고 있었다.

마르크스의 경쟁자였던 라살레(Ferdinand Lassalle)는 1863년 독일 전국노동자조합에 보낸 공개 서한에서 국가의 본질에 대한 다른 해석을 내놓았다. 라살레는 의회적 방법을 통해 기존의 국가를 노동계급이 그들의 이익에 봉사하는 조직으로 근본적으로 개혁할 수 있다고 주장했다. 라살레는 결과적으로 국가가 노동계급이 그들의 공장과 산업을 통제할 수 있도록 할 수 있다고 주장했다. 비록 일부 노동자들, 특히 영국의 노동자들은 어느 정도 조건들을 개선할 수 있었지만, "전체 계급을 포용하는 노동 조건의 진정한 개선은 아직 이뤄져야 할 것이 남았으며, 이는 국가의 도움을 통해서만 이루어질 수 있다"(Lassalle, 1990: 91). 더군다나 그렇게 하는 것은 국가의 의무였다. 사실 국가의 사명은 "문화의 진보를 촉진하고 보장하는 것"이었고(Lassalle, 1990: 92), "노동계급의 승격인 문화의 가장 큰 성취로 간주되어야 하며, 따라서 그러한 성취에서 국가 최고의 노력을 담보해야한다 (Lassalle, 1990: 93)"는 것이었다. 결국 국가는 통합된 인민들로 구성되어있다. 그는 노동계급에게 이를 기억하라고 충고한다. "당신, 인민들은 곧 국가다" (Lassalle, 1990: 96).

라살레는 자국 산업 노동자들에 의한 통제 계획을 실행하는 데 필요한 신용은 '노동계급 전체의 결사체'를 위한 국가를 통해 조달될 것이라고 주장했다. 이것은 점진적으로만 일어날 수 있다. 그는 "그러한 결사체들이 많이 형성되는 즉시 국가의 지원을 확보하면, 이들을 다른 산업 부문에 도입하기가 더 쉬워질 것이고, 이들이 결합되면 서로에 대한 신용 사슬을 형성하게 될 것이다"라고 주장하였다 (Lassalle, 1990: 94). 근로자에게 주급을 지급하고 사업수익을 배당하는 보험협회도 설립될 것이다.

라살레와 달리 마르크스주의자들은 기존의 국가와 임금제도를 폐지하지 않고 그 뒤를 따르는 모든 국가는 주로 지배적인 자본주의 계급을 위해 일한다고 주장한다. 마르크스와 라살레는 생산성 증가라는 측면에서 진보를 제각기 이해했다. 라살레(Lassalle, 1990: 86-87)는 지금까지는 마르크스와 일관되게 말하기를, 노동자들도 이러한 증가로부터 일부 혜택을 받을 수 있지만 지배계급은 더 많은 혜택을 받을 것이라고 주장했다. 그러나 마르크스는 여기에서 라살레이론의 중요한 약점을 발견했다. 라살레(Lassalle, 1990: 89)는 노동자들이 실질적이고 한결같은 삶의 향상을 누리기 시작한다 해도 임금은 하락할 것이라고 시사했다. 그는 이를 평균임금이 생활과 자손을 퍼뜨리는 데에 필요한 비율보다 그리 높지 않은 수준으로 항상 감소하는, 이른바 '공급과 수요의 법칙'

에 따르는 '무자비한 경제 규칙'이라고 설명했다 (Lassalle, 1990: 84–85). 그러나 라살레에게 현재 노동계급에 실질적인 가치가 있는 것은 아니었지만, 그의 관점에서는 국가가 반드시 지배계급의 이익을 위해 행동하지는 않았다.

'무자비한 경제적 지배'에 대한 라살레의 생각을 바탕으로 12년 후 고타강령은 '임금의 철칙'과 함께 임금제도 폐지를 요구했다 (McLellan, 2006: 403). 마르크스는 그의 비판적인 답변에서, 사회주의 사회는 이 '법'과 그것이 가져 온 착취를 폐지할 필요가 있다는 강령 구절의 약점을 인용하며 폭로했다. 설령 '임금의 철칙' 같은 것이 있다 하더라도, 마르크스(Marx, 1968b: 324)는 "나는 임금 노동은 백 번 폐지 한다 해도, 그 법은 임금 노동체계뿐만 아니라 모든 사회체제를 지배하기 때문에 폐지할 수 없다"고 항변했다. 마르크스에게 있어서 그러한 법은 존재하지 않는 것이기 때문에 자본주의 사회체제는 계급이 없는 사회체제로 대체될 수 없었고, 지배계급에 의한 착취는 남아있을 것이며, "노동자가 더 나은 임금을 받든 더 나쁜 임금을 받든" 생산성의 증가로 인해 이는 비례적으로 더 커질 것이다 (Marx, 1968b: 325). 따라서 마르크스에게 라살레주의자들은 말도 안 되는 소리를 했을 뿐만 아니라 진정한 요점은 국가보다는 사회체제를 바꾸는 것이었다.

마르크스 이후의 마르크스주의자들은 자본주의 국가의

운영과 자본주의 경제체제에서의 그 역할을 분석하였다. 그람시는 1920년대와 1930년대에 국가가 단순히 강압보다는 헤게모니를 통해 지배계급의 이익을 보호했다고 주장했다. 헤게모니가 정당성을 가져다 주었기에 국가는 기득권을 위해 일한다는 것을 확실하게 하기 위한 지배계급의 지속적이고 의식적이며 직접적인 간섭을 필요로 하지 않았다. 게다가 그람시(Gramsci, 1971: 247, 260)에 따르면, 헤게모니는 교육자로서 그리고 합리화의 도구로서 국가를 포함했고, 이는 지배를 정상화하는 절차들의 일상적인 사용을 의미했다. 그것이 (그가 경제를 포함한 사적 관계의 복잡한 구조라고 의미한) 시민사회를 반영했기 때문에, 국가는 권위에 대한 도전으로부터 보호된다. 그의 표현에 따르면,

> 시민사회의 상부구조는 현대전의 참호체계와 같다. 전쟁 중에는 맹렬한 포격이 적의 방어체계 전체를 파괴하는 것처럼 보였지만, 실제로는 외곽 경계선만 파괴했을 뿐이다. 또한 습격자는 그들이 전진하고 공격하는 순간에 그 스스로가 여전히 효과 있는 방어선을 맞닥뜨리고 있음을 깨달을 것이다. 경제위기가 한창일 때 정치에서도 똑같은 일이 일어난다.

이후 마르크스주의자들은 국가가 단순히 지배계급의 도구가 아니라는 것을 의미하는, 상대적 자율성에 관한 문제를 논의하였다. 경제체제에 근본적인 도전을 제시하지 않는

한, 국가는 다른 계급에 유리한 법률, 정책, 결정을 내릴 수 있었다. 1960년대 후반과 1970년대 초에 밀리반드(Ralph Miliband)와 풀란차스(Nicos Poulantzas)는 왜 이것이 가능한지에 대해 토론했다.

1968년 풀란차스는 *Pouvoir politique et classes sociales*, 1973년에는 『정치권력과 사회계급(*Political Power and Social Classes*)』라고 영어로도 번역된 저작에서 구조적인 설명을 제시했다. 그는 자본주의적 생산 방식은 다양한 경제, 정치, 군사, 문화 및 다른 분야에서 다양한 수준으로 운영되는 구조들의 총체(ensemble)로 구성된다고 주장했다. 이들 분야는 서로 간에 그리고 국가로부터 상대적으로 자율적이다. 따라서 자본주의 국가는 이 총체 내에서 운영되는 그들의 동맹들과 마찬가지로 계급과 파벌에 대해 상대적으로 자율적이었다. 그러나 표면적으로는 중립적이었지만, 통일적인 요인으로 기능하면서 국가는 궁극적으로 더 강한 계급과 파벌을 옹호했고(Poulantzas, 1973: 115, 255-257), 특히 정치적 민주주의와 대중 주권에 대한 일반적인 관심을 제시함으로써 그러했다 (Poulantzas, 1973: 124, 277-278).

밀리반드는 대신 자본주의 국가들에서 국가의 역할을 지배계급과 국가 기관 곧 그 계급이 주로 통제하고 선출한 정부 사이의 관계 측면에서 설명하고자 했다. 그는 『자본주의 사회의 국가(*State in Capitalist Society*)』에서 민주주의,

평등, 사회 이동에서의 진보는 특권층 배경의 사람들에 의한 정치, 법률, 군사체제의 지배력을 크게 감소시키지 않았다고 주장했다 (Miliband, 1969: 66–67). 이에 대해 풀란차스(Poulantzas, 1969: 69–70, 73)는 엘리트가 자본주의 계급에 의해 지배된다고 주장하면서, 밀리반드가 자본주의 계급의 지배력을 유지하려는 전체 자본주의체제의 역할과 그 안에서의 국가의 기능으로부터 부주의하게 관심을 돌렸다고 주장했다.

밀리반드(Miliband, 1983: 31)는 때때로 '체제의 구조적 제약'을 언급했으나, 풀란차스(Poulantzas, 1973: 23)는 실제 자본주의 국가들의 활동이 중요하다고 인식했다. 그들 사이의 불화는 한 가지 강조점으로 귀결된다. 풀란차스는 추상적 이론을 더 중요하게 여겼지만 밀리반드는 자본주의 국가에서 누가 어떤 역할을 하고 어떤 영향을 미치는지에 초점을 맞췄다. 밀리반드(Miliband, 1983: 29)는 경험적 연구가 반대 이론에 대한 대안을 제시하는 것만큼 중요하다고 주장하면서 부르주아이론을 공격하는 가장 좋은 방법은 엘리트 개념을 "변명의 목적으로 사용하는 자들에 대항"하여 개념을 뒤트는 것이라고 제안했다.

1970년대 후반 블록(Fred Block, 1977)은 밀리반드 저작의 주요 측면을 통합한 구조적 설명을 제공했다. 그는 특히 기업이 특정 국가를 쉽게 빠져나갈 수 있는 국제 자본주의체제에서는 기업의 신뢰를 유지할 필요가 있기 때문에, 정부가 투자에 도움이 되는 여건을 유지할 필요가 있다고 주장했다. 이는 해당 정권이 선거 승리의 조건인 경제적 안정성을 확보하기 위해 필요하다. 풀란차스와 마찬가지로 블록은 이를 국가 경영자들이 영향력을 행사하고 그로써 사회 질서의 생존력을 유지할 수 있는 방법을 자각하도록 하는 그들의 구조적 지위에 의해 강제되는, 구조적 메커니즘으로 보았다. 블록은 경영자들의 의식이 어느 정도는 지배계급 구성원들의 의식적인 활동을 통해 주입된다는 것을 인정했지만, 이것은 부차적인 중요성이라 여겼다. 그의 표현에 따르면

> 영향 경로는 국가 경영자들이 자본가의 이익과 직접적으로 충돌하는 정책을 수립할 가능성을 낮춘다. 그러나 이러한 영향 경로가 없더라도 다른 구조적 메커니즘으로 인해 국가 경영자들이 반자본주의 정책을 관철하는 것이 매우 어렵기 때문에 그것은 부수적인 메커니즘이다 (Block, 1977: 14).

밀리반드, 풀란차스, 블록의 이론을 종합하면 셀리거(Seliger, 1976: 175)가 말한 이데올로기의 작동적 차원에서, 자본주의에 반대하는 정책들은 구조적 체제로서나 인간이 거주하는 일련의 제도로서 자본주의의 바로 그 기능을 다루어야 한다는 것을 알 수 있다.

풀란차스의 구조이론에서의 재산에 대한 설명은 사실 자본주의제도 내의 인간에 대한 구조와 관련이 있다. 그에게 자본주의는 "생산의 수단이나 노동력 또는 그 둘 다의, 그리고 생산품의 소유주로서 비노동자가 개입하게 한다"는 점에서 '재산관계'다 (Poulantzas, 1973: 26). 이 재산관계는 생산의 관계를 정의한다. 이처럼 풀란차스는 사회주의자들이 자본주의의 기능을 자본주의 국가가 관리하고 보호하는 불공평한 재산 분배를 방어하는 측면에서 바라보는 경향을 있음을 보여준다.

국가와 재산권 문제

모든 사회주의자들은 자본주의 사회에서 재산권의 영향과 결과, 그리고 그러한 측면에서 국가의 역할을 다룰 필요가 있다. 그렇지 않으면 이론적이든 실용적이든 그들의 기여는 이 운동의 핵심을 놓치게 될 것인데, 그것은 기존의 착취적 사회를 사회적 자유를 위한 공동체적이고 평등주의적인 기반 위에 세워진, 그리고 그 안에서 인류가 번영하는 사회로 대체하는 것이다. 여기서 '사회적'이라는 형용사는 중요하다. 그들이 재산의 문제를 고려할 때, 만약 평등, 공동체, 그리고 인간의 번영이 실현되려면 사회주의자들은 소유적 개인주의식 자유에 제한을 가해야 한다. 코언(Cohen,

2009: 1-45)은 상상 속의 '캠핑 여행'의 예를 통해 평등, 공동체, 번영의 중요성을 설명하고자 했다. 야영객들이 공동체가 중재하는 평등을 바탕으로 행동할 때, 야영지는 효율적이고 즐겁다. 그들이 재산의 관점에서 생각하기 시작하자 이는 망가지고 말았다. 그는 이와 비슷하게, 적절한 조직적 기술을 갖춘 사회가 사회주의 원칙에 따라 더 잘 운영될 수 있다고 주장했다 (Cohen, 2009: 57-58).

사회주의자들의 핵심 의문은 재산의 문제가 자본주의로부터의 혁명적 단절 없이 해결될 수 있느냐 하는 것이다. 베른슈타인(Eduard Bernstein, 1993: 102)은, 그들은 혁명적인 길을 보통 "불가피한 것, 거의 모든 곳에 있는 것"으로 여겼지만, 말년의 마르크스와 엥겔스는 변화하는 상황 속에서 사회민주주의가 혁명적 사회주의에서 의회적 사회주의로 전환되는 것에 공감했을 것이라고 주장했다. 아마도 베른슈타인은 1860년대 마르크스가 영국 노동조합원들과 함께 보통 선거권을 통해 개혁을 시도했던 시기를 염두에 두고 있었을 것이다 (Stedman Jones, 2017: 470-475). 그러나 1870년대 초 마르크스는 혁명적인 활동을 다시 지원했는데, 예를 들어, 1870~1871년 프로이센-프랑스전쟁이 끝날 무렵, 프랑스 수도의 시민들이 정부 당국이 그들의 시도를 좌초시키기기 전까지 일시적으로 파리 시를 점령했던 파리 코뮌에 대한 그의 지지에서 알 수 있다 (Stedman Jones, 2017: 494-

510). 그는 『프랑스 내전(*The Civil War in France*)』에서 코뮌에 대한 보고와 해석을 제공했다 (Marx, 1968e). 일반적으로 마르크스와 마르크스주의자들은 지배계급이 재산권과 보유자산을 상당히 침해하기 전까지만 규제를 용인할 것이라고 믿으며 의회적 시도에 대해 회의적인 경향이 있다. 사회주의로 가는 혁명적 또는 의회적 길에 대한 문제는 다음 장에서 논의된다. 여기서 우리는 이러한 쟁점을 불러일으키는 재산의 문제를 고찰한다.

『자본론』 제1권에서 마르크스는 규제에 대한 거부감이 자본주의체제에 깊이 뿌리박혀 있음을 분명히 했다. 그의 표현에 따르면,

> 작업장에서 노동의 분할, 노동자를 부분적 작업으로 평생 동안 합병하는 것 그리고 자본에 대한 그의 완전한 종속을 축하하는 부르주아적 의식은, 생산력을 증가시키며 동일한 기운으로 생산의 과정을 사회적으로 통제하고 규제하려는 모든 의도적인 시도들을 비난하는 노동자 조직과 같고, 또한 재산권, 자유 그리고 자본주의자 개개인의 '비범성'을 스스로 결정하는 것과 같은 신성한 것들로의 침입과 같다. (Marx, 1976: 477)

이 구절은 그 유명한 『공산당 선언』에서 마르크스와 엥겔스가 부르주아계급의 공동사를 국가가 관리하거나 운영하는 것에 대해 의미한 바를 더 잘 설명하는 데 도움이 된

다. 이러한 관리나 운영은 재산권의 통제나 규제로 확장되지는 않을 것이며, 그렇게 하려는 어떠한 시도도 국가의 합법적인 활동을 넘어선다고 비난받을 것이다. 맥퍼슨(C. B. Macpherson, 1962: 3)은 이것을 "개인은 본질적으로 그 자신의 신체나 능력의 소유자로, 이에 대해서는 사회에 아무런 빚이 없다는 인식"에서 추동되어 자본주의 사회에 스며드는 소유적 개인주의의 관점에서 표현했다.

무엇이 자본주의를 대체해야 하는지에 대해 마르크스주의자들은 다양한 방식으로 사유재산의 소멸을 주장한다. 공산주의 사회에서 이의 성공은 단순한 정치적 민주화가 아닌 근본적인 사회적 변화를 요구할 것이며 인간은 소외와 착취로부터 스스로를 해방할 것이라고 주장했던, 마르크스의 1840년대 초중반 몇몇 저작에서 산발적이더라도 명확하게 서술되어 있다. 그러고 나면 결국 사유재산을 원치 않게 될 것이다 (Burnham and Lamb, 2019: 59-62, 118, 142-144, 159, 166, 177-179).

새로운 사회에서 재산을 다루거나 대체하는 데에 대한 여러 사회주의 사상들 중에서 온건하고 사회민주주의적인 이데올로기적 분파의 사람들은, 좌파로부터의 압력이 사회 정의와 평등주의적 공동체 의식을 통해 그러한 방어물을 누그러뜨리는 사회적, 정치적 환경을 가져올 수 있다고 주장한다. 크로슬란드와 토니의 사상은 재산 소유권의 자격과 규제의 측면에서 볼 수 있다. 블레어 같은 매우 온건한 사회민주주의자들도 재산권에 대해 몇 가지 중요한 제한을 추구했다.

급진적 자유주의자들 역시 때때로 상당한 제약을 주장하지만, 사회주의자들이 그러한 급진주의자들과 어떻게 다른지 설명하기 위해서는 영향력 있는 미국의 자유주의 사상가를 생각해보아야만 한다. 1971년 『정의론(*A Theory of Justice*)』에서 사고실험을 했던 롤스(John Rawls)이다. 그가 무지의 베일에 가려진 원초적 입장이라 부른 상태에서 이성적인 개인들은 정의의 두 가지 원칙을 선택할 것이다. 첫째, "각자는 모두의 유사한 자유 체계와 양립할 수 있는 평등한 기본적 자유의 가장 광범위한 전체 체계에 대해 평등한 권리를 가진다." 개인주의가 그의 생각을 뒷받침하고 있음을 확실히 보여주면서 그는 이 원칙이 두 부분으로 구성된 두 번째 원칙에 우선한다고 강조했다. 첫째, 차등의 원칙은 사회적, 경제적 불평등이 "정의로운 저축원칙과 양립하면서 최소 수혜자에게 최대의 이득이" 되어야 한다고 주장한다. 둘째, 그러한 불평등은 "공정한 기회 균등의 조건하에서 모두에게 열려 있는 직책과 직위에 부여되어야 한다"(Rawls, 1999: 266). 그에게는 공정한 기회의 균등이 차등의 원칙보다 우선되어야 했다. 더 나아가 정의로운 저축이란 각 세대가 미래 세대에 기여하고 이전 세대들로부터 받는다는 것을 의미했다 (Rawls, 1999: 254). 롤스는 정부의 개입으로 독점을 제한하고 기업을 규제하는 민주국가를 주창했다. 공정한 기회 균등, 복지, 교육, 사회적 최저기준에 자금을 조달하는 데 필요한 소득세는 재산권의 재정의나 재조정을 요구한다 (Rawls, 1999: 243-245).

롤스(Rawls, 1999: xv-xvi)는 개정판에서 자신의 이론이 자유주의적 사회주의자의 입장에 적용될 수 있다고 말했다. 그러나 사회주의자들에게 있어서의 올바른 결과는 공동체 의식을 요구한다는 점에서 롤스와는 다르다. 개인의 자기 이익에 기반한 결과는, 개인이 공동체의 구성원으로서 살며 일하기보다는 단지 정의와 공정의 요건을 충족만 시키려는 것을 단념토록 하지 않기 때문이다.

무페의 '자유주의적 사회주의' 개념은 롤스의 개념과 대조된다. 무페는 자유주의가 중첩된 사회주의적 입장에서 주장하는 반면 롤스는 사회주의가 중첩된 자유주의적 입장에서 출발한다. 무페(Mouffe, 1993: 100)는 사회주의의 결사체적 변형은 자유민주주의의 다원주의적 요소를 지킬 수 있다고 주장하지만, "이는 공동체에서 그의 말에 앞서 독립적으로 그의 권리 및 이익과 함께 존재할 수 있는 개인의 원자론적인 자유주의 비전을 거부하기를 요구한다"고 주장한다. 그녀는 개인주의에 대한 전통적인 자유주의적 개념에 대한 이러한 의문이 곧 개인의 사회적 본성을 되살리는 데 있어서 사회주의가 개인은 단순히 유기적 전체의 일부라는 개념으로 되돌아가야 한다는 것을 의미하지는 않는다고 강조한다. 무페는 결사체 사회주의가 대기업과 중앙집권화된 큰 정부가 민주주의의 길에 놓아 둔 장애물들을 극복해야 한다고 주장한다. 이러한 목적으로, 민주화를 이끌어내기 위해서는 다른 결사체보다 우위에 있는 국가가 요구되었다. 그녀는 "어떻게 적대적인 이해관계를 통제하여, 경제적, 경제적 권력을 독점하고 의사결정 과정을 지배하는 어떠한 이익의 집중도 허용되지 않게 할 수 있을까?"라는 문제가 쟁점이라고 주장한다 (Mouffe, 1993: 99).

사회민주당은 무페가 밝혀낸 문제에 대해 고찰했다. 1950년대 후반부터 1970년대 후반까지 유럽의 사회민주주의는, 심지어 비사회주의 정부가 집권했을 때에도 지주들의 정치적 영향력을 약화시켰다 (Berki, 1975: 96−97). 더 급진적인 사회주의자들은 1970년대 후반 유럽에서 자유시장 자본주의가 부활했을 때 목도했듯이, 사회민주주의자들이 그들의 이득은 피상적이며 일시적인 것이라고 그 스스로와 지지자들을 오도했다고 말한다.

그럼에도 불구하고 1890년에 페이비언 소사이어티를 위해 익명으로 출판된 쇼의 글은 그의 비교적 온건한 입장이 가졌던 혁명가들에 대한 친밀감을 잘 보여준다. "사회주의자는 모두의 평등한 권리와 기회를 보장하는 계획이다. 사회주의자들은 게으른 지주를 몰아내고, 그 자신의 노동력으로 생산물을 만들어 내는 이들을 위해 전체 생산물을 얻을 목적으로 땅과 기계를 점진적으로 '사회화' 시키거나 전 국민의 재산으로 만들려고 한다"(Fabian Society, 1890: 3). 쇼가 기회 균등을 강조한 것은 이전 장에서 논의된 사회주의적인 평등한 기회에 대한 코언의 후기 주장과 유사하며, 이는 자유주의의 설명보다 훨씬 더 급진적이다. 마르크스와 엥겔스(Marx and Engels, 2002: 235)가 "한 문장으로 말해서, 사유재산을 폐지하는 것"이라고 그들의 이론을 요약한 『공산당 선언』의 구절처럼, 쇼의 인용문은 코언의 재산권에 관한 생각이 함축하는 바를 보여준다. 마르크스와 엥겔스에 따르면, 노동자의 노동력에서 파생된 자본은 착취계급이 소유한 집단적 생산물이었다. 그들은 "그러므로 자본이 공유재산으로 전환될 때, 사회 구성원 모두의 재산으로 전환될 때, 그로써 개인의 재산이 사회적 재산으로 변환되지 않는다. 그는 그 계급적 특성만을 잃을 뿐이다"라고 말했다 (Marx and Engles, 2002: 236). 쇼의 사회주의는 마르크스와 엥겔스의 사회주의와는 분명히 달랐지만, 재산권 측면에서는 몇 가지 주목할 만한 유사점이 있다. 쇼, 마르크스, 엥겔스는 이후의 많은 사회주의자들에게 영향을 끼쳤다. 이 세 사상가의 재산에 대한 관점에 대한 논의는 새로운 사회에서 경제가 어떻게 구성되어야 하는지에 대한 20세기와 21세기 사회주의적 관점을 검토하는 데에 도움을 주었다.

사회주의적 국가와 경제

이 책의 5장은 새로운 사회를 위한 몇몇 영향력 있는 사회주의적 청사진들을 살펴볼 것이다. 각각은 일정 부분 경제에 초점을 맞추고 있다. 이 절에서는 사회주의적 경제의 세 가지 범주, 즉 마르크스-레닌주의, 사회민주주의, 결사체주의를 더 폭넓게 살펴본다.

현실 사회주의의 명령경제

볼셰비키혁명 이후 소련은 자본주의가 지배하는 세계 속에 공산주의/사회주의 국가로서는 거의 홀로 남아 있었다. 이는 제2차 세계대전 이후 모스크바의 압력으로 많은 동유럽 국가들이 마르크스-레닌주의를 채택하면서 바뀌기 시작했다. 이들 국가들의 정부와 경제는 다양했지만, 진영에서 이탈한 유고슬라비아를 제외하고 그들은 현실 사회주의(actually existing socialism)라고 알려지게 된 중앙명령경제(central command economy)를 채택했다.

스탈린은 1952년 『소비에트 사회주의의 경제 문제(*Economic Problems of Socialism in the USSR*)』라는 책에서 법의 객관성 측면에서 중앙명령경제의 이론적 토대를 제공하고자 했다. 정치경제는 추측컨대 객관적 법칙의 한 범주로, 마르크스에 대한 스탈린의 잘못된 해석에 따르면 그 과정은 "인간의 의지와는 별개로 운영된다"(Stalin, 1972: 2). 댐과 수력 발전소의 건설과 같이 자연의 법칙이 제한되어 사회에 도움이 되는 쪽으로 바뀔 수 있는 것처럼, 스탈린에게 있어서 자본주의와 사회주의 시기의 정치경제 법칙도 다른 방식으로 활용되고 제한되고 이용될 수 있었다. 아마도 그가 법 자체가 바뀔 수 있다고 제안하기보다는 그러한 법칙들의 이론이 "재해석되고 조작될 수 있다"고 말했더라면 더 솔직했을 것이다.

스탈린(Stalin, 1972: 4)은 과학 법칙과 달리 정치경제의 법칙은 영속적이지 않다고 주장했다. 정치경제의 법은 폐지되지는 않을 테지만 대신 "새로운 경제 여건 때문에 그 효력을 상실"하며, 그러한 여건에서 발생하는 새로운 법률이 그 자리를 대신하게 될 것이다. 스탈린은 인간이 만들어 낸 경제법의 본성, 따라서 객관적일 수가 없는 본성을 무시했다. 게다가 만일 그것이 객관적이라면, 새로운 경제법으로 대체될 수도 없을 것이다. 스탈린이론의 부조리는 다음 해 도이처(Isaac Deutscher, 1953: 360)에 의해 마르크스주의 전통 내에서 주목받았는데, 그는 사회주의하에서 경제 법칙의 타당성을 주장하는 소련 지도자의 주장을 '따분한 스콜라주의'이라고 묘사했다. 다시 말해 스탈린의 이론은 지루하고 편협한 교리에 대한 주장이라는 뜻이다.

스탈린은 인간의 능력, 도구, 기술, 과학 등의 생산력 개발을 위해서는 자본주의가 강요하는 제약들을 극복하는 경제적 조건이 필요하다는 마르크스주의의 주장을 채택했다. 생산수단의 사회화는 해당 사회의 발전 상태에 적용 가능한 특정한 형태를 취하며 그러한 힘을 이용한다. 예를 들어, 국가 및 지방 차원에서의 공공 소유권이 있을 수 있다. 국유화와 집산주의 분야의 범위는 각 나라의 규모, 경제 발전 수준, 인구 통계 등에 따라 달라질 것이다. 소련에서 나타난 형태는 스탈린이 프롤레타리아와 대규모 소작농의 동맹이라 묘사한 것을 반영했는데, 이는 국가 차원에서 농업 부문을 소유하는 것을 불합리하게 만들었다. 따라서 산업은 국영이었지만, 국가에 의해 통제되고 그로써 "일류 트랙터와 다른 기계들"이 보급되었음에도 불구하고 농업은 대규모 집단 농장으로 조직된 상품 생산을 계속하였다 (Stalin, 1972: 13). 이것은 스탈린(Stalin, 1972: 7)이 "국가 경제의 균형적인 발전의 경제 법칙"이라고 부르는 것을 통달하여 적용하는, 중앙 계획을 수반하였다. 도이처(Deutscher, 1953: 360)가 시사한 바와 같이, 객관적인 경제법이 새로운 법으로 대체될 수 있다는 개념은 변화를 통제하고 급진적인 경제 정책을 예방하려는 스탈린의 열망을 나타내는데, 이는 마르크스주의자의 입장은 아니다.

스탈린의 책은 경제법이 일종의 독립적인 실체를 가지고 있다고 묘사했는데, 사실 그것은 시간이 지남에 따른 집단적 인간 행동의 결과였다. 그는 법이라고 인식되는 것이 생산력의 발전으로 시대에 뒤떨어질 수 있다는 것을 인정했다. 그러나 그가 (의도적이든 아니든) 무시한 점은 인간에 기반을 둔 다른 힘들도 역시 이러한 효과를 가질 수 있다는 것이었다.

아마도 가장 중요한 점은 스탈린과 1953년 그의 죽음에도 불구하고 살아남은 사회주의적 경제체제가 효율성, 생산성, 인센티브, 혁신 측면에서 적절히 규제된 시장 세력이 가질 수 있는 가치를 무시했다는 점이다. 물론 시장의 힘은 인간의 창조물이다. 그 운영에 관련된 인간들이 적절한 보상을 받을 자격이 있다는 점을 인정하는 것은 느슨하게 규제된 자유시장체제가 만들어내는 소외와 착취를 줄이거나 심지어 제거할 것이다.

노브(Alec Nove, 1991: 73-126)는 규제 시장의 이점을 무시한 것에 대해 소련과 동유럽 국가들을 비판했다. 그는 비마르크스주의적 좌파의 입장에서, 1980년대 쇠퇴기 동안의 마르크스-레닌주의를 비판하였다. 이 장 뒷부분에서 볼 수 있듯이, 그는 시장사회주의로 알려진 전통에 느슨하게 들어맞는 경제체제를 옹호했다.

동유럽의 마르크스-레닌주의 국가들 중 일부는 특정한 상황을 고려하여 중앙집권적 모델에 변화를 주려고 시도했다. 때로는 국가 차원의 산업 소유와 통제와 함께 집산주의적 농업 정책이 시행되었다. 자치주 내 집산화 농업의 성공으로 민간 농업이 결코 폐지되지는 않더라도 시들해질 것으로 예상되었던, 비교적 고도로 산업화된 독일민주공화국(동독)에서도 마찬가지였다. 그와 같은 폐지는 전혀 일어나지 않았고, 1970년대 이후 동독은 민간농업을 국가 생산의 기여자로 받아들였으나 화합된 계획으로 포함시키지는 못했다 (Brezinski, 1990). 마르크스-레닌주의 국가와 그 관료체제는 경제가 직면한 문제들을 무시하는 경향이 있었다.

마르크스-레닌주의 국가들의 또 다른 특징은 반대 목소리를 억압하는 것이었는데, 이는 남아있는 국가들에서 계속되고 있는 상황이기도 하다. 이 억압은 스탈린주의 모델이 1940년대 후반부터 1980년대 말까지 동유럽의 많은 지역에 퍼지고 생존할 수 있도록 도왔다. 유고슬라비아 공산당은 1948년 소련과 결별했고 결국 국제 비동맹 운동을 설립하는 데 도움을 주었다. 그럼에도 불구하고 유고슬라비아에서의 탄압은 계속되었고, 그 곳에서 가장 영향력 있는 반체제 인사 중 한 명이 질라스(Milovan Djilas)였다. 유고슬라비아 공산당의 고위 당원으로 있으면서, 그는 자신의 비판으로 좌천과 투옥을 당하기 전까지 마르크스-레닌주의 국가들이 더 깊이 파고들던 문제들에 관심을 가졌다. 그는 결국 당을 떠났다. 1950년대에 그는 공산주의보다 민주적 사회주의에 더 가까이 있다고 주장했다 (Djilas, 1957: vi).

유고슬라비아의 지도자 티토(Josip Broz Tito)는 1940년
대 후반 스탈린의 헤게모니로부터 벗어났고, 이후 유고슬
라비아는 지방분권과 노동자 자주관리(self-management)
에 기반한 독자적인 경제모델을 개발했다. 질라스(Djilas,
1957: 68)는 이는 공산당 지도자들과 관료들이 자신들의
지위를 강화하기 위해 정당성을 추구했던, 양보에 불과하
다고 말했다. 그는 비슷한 양보가 동유럽의 다른 지역에서
도 일어났다고 말했다. 질라스는 지도자들과 관료들이 자신
들의 이익을 위해 활동하기 시작하면서 새로운 계급이 그의
고국을 포함한 공산주의 국가들에 나타났다고 주장했다. 이
계급은 사회에 대한 스스로의 힘을 확립했는데, 비록 그 구
성원들은 아마도 그러한 권력이 궁극적으로 모두에게 행복
과 자유를 가져다 줄 것이라고 믿었다 하더라도 그러했다
(Djilas, 1957: 38). 사회주의자로서 그는 "인간사회가 시
작된 이래로 다양한 형태로 존재해왔으며, 현대 공산주의가
말로는 받아들이는" 평등주의 사상을 비판하고 있는 것이
아니라고 강조했다. 결국 이것들은 "진보와 자유를 향한 투
사들이 항상 갈망할 원칙"이었다 (Djilas, 1957: vii). 그의
요점은 아무리 많은 권력 있는 공산주의자들이 그들의 통치
가 평등과 공동체를 기반으로 한 사회를 발전시킨다고 주장
했고, 어쩌면 몇몇 경우에서는 심지어 믿어진다 하더라도,
실상 그들은 지배의 자리를 즐기는 새로운 통치계급이 되었

다는 점이다.

질라스는 공산주의 국가의 종말을 이끄는 근본적인 문제가 새로운 계급이 그 지위와 권력을 구축함에 따라 경제의 발전이 "프롤레타리아 독재에서 반동 전제주의로의" 정권의 발전을 반영한 점이라고 보았다. 경제에 대한 정부의 간섭은 원래 급속한 산업화를 위해 필요했지만, "집권 관료들의 중요한 개인적인 이익"이 되었다. 경제 발전은 "주로 지배계층의 이익에 따라 좌우되었다"(Djilas, 1957: 103). 질라스(Dilas, 1957: 69)는 "새로운 계급이 역사적 현장을 떠나는" 때가 올 수밖에 없다고 예측했다.

30여 년 후 질라스의 예측은 적어도 소련과 동유럽에서는 정확하다는 것이 증명되었다. 1980년대에 고르바초프(Mikhail Gorbachev)는 그의 동료들에게 질라스가 예견했던 것과 같은 임박한 문제들에 대해 경고했다. 고르바초프는 페레스트로이카(perestroika)와 글라스노스트(glasnost)에 대한 그의 주장을 소개했다. 그는 경제 실패가 점점 잦아지면서 지난 10년 후반기에 성장동력을 잃은 것이 특히 분명해졌다고 말했다. 이것이 그가 '제동기제'라고 부르는 것을 초래했는데, 이는 과학과 기술의 새로운 발전이 가능했던 바로 그 시기에 사회와 경제 발전을 방해했다(Gorbachev, 1988: 18-19). 대체로 글라스노스트는 개방이라 번역되는데, 고르바초프는 공산주의자들이 스스로와 시민 모두에게 정직하고 결국 합법적으로 광범위한 개혁을 준비하려면 이것이 필요하다고 경고했다. 따라서 글라스노스트는 페레스트로이카의 환경을 조성하는데 필요했고, 이는 특히 공산주의 경제의 개혁을 의미했다.

고르바초프(Gorbachev, 1988: 32)는 "사회 모든 방면의 광범위한 민주화"를 통한 소련 경제체제의 근본적인 개혁에 열성적이었다. 침체를 극복하고 제동기제에 대항하는 '대중 이니셔티브'를 포함하는 페레스트로이카는 "민주주의의 종합적인 발전, 사회주의적 자치, 진취성과 창의적 노력의 장려, 향상된 질서와 규율, 더 많은 글라스노스트, 우리 사회의 모든 영역에서 비판과 자기비판"이었다 (Gorbachev, 1988: 34). 고르바초프(Gorvachev, 1988: 33-34)는 "중앙집권적 경제관리의 급격한 재편"을 구상했다. 불행히도 그는 세부계획도 세우지 못했고, 분명하고 명확한 계획도 거의 없었다. 글라스노스트와 페레스트로이카는 소련과 동유럽에서 마르크스-레닌주의를 구해내기에 부족했다. 1989~1990년 혁명들로 동유럽 정권이 붕괴되고 이어서 1990년대 발칸전쟁에서 유고슬라비아 공산주의가 붕괴되었다. 소련 공산당 자체는 그 10년간의 초반에 실각했고, 일시적으로 금지되었다가 옛 자신에 대비되는 그림자로서 다시 나타났다. 동유럽의 마르크스-레닌주의 정당들은 그 성공의 정도가 다양한 사회민주주의 정당으로 변모했다.

사회민주주의의 국가와 경제

사회민주주의가 20세기 사회주의의 두 번째 주요 축으로 진화하는 데 중요한 역할을 한 사람은 1899년 마르크스의 저작을 현대화하고자 했던 베른슈타인이다. 베른슈타인은 마르크스와 엥겔스가 『공산당 선언』에서 표명하고 그들의 추종자들이 당연하게 여겨왔던 소위 '파국이론(catastrophe theory)'에 도전했다. 자본주의는 단기간에 무너지지 않을 것이며 대신 새롭고 예측하지 못한 형태를 취할 것이다. 베른슈타인은 그 증거가 이미 나타나기 시작했다고 주장했다. 자본주의가 상대적으로 고도로 발달한 사회에서는 지주와 자본가의 수가 줄어들기는커녕 오히려 증가했다. 민주적 제도들이 등장하였고, 이를 통해 부르주아들에게 그들이 이전에 누렸던 정치적 특권을 주지 않고 자본주의의 착취에 도전하는 노동운동을 허용하는 사회적 반응들이 표출될 수 있었다 (Bernstein, 1993: 1-3).

베른슈타인(Bernstein, 1993: 28)은 라살레의 영향력을 인정했는데, 그는 이 장에서 앞서 논의한 바와 같이 자본주의 경제를 개혁할 수 있는 국가의 역량을 기대했었다. 본질적으로 베른슈타인은 가까운 미래에 사회민주주의자들이 재산권의 권력에 제한을 가할 규제를 확보하기 위해 국가를 이용하면서 자본주의 내에서 활동해야 한다고 주장했다. 이러한 제한을 통해 자본주의 경제로 말미암은 불평등을 크게 줄일 수 있을 것이다.

1920년대 말 콜은 『영국 사회경제정책의 앞으로의 10년 (*The Next Ten Years in British Social and Economic Policy*)』에서 베른슈타인과 확실히 밀접한 사회민주주의적 입장을 표명했다. 이전에 저명한 결사체 사회주의자였던 그는 "참신한 사고의 필요성이 시급하다"고 선언했다 (Cole, 1929: 419). 그는 지식인들이 사회주의를 외면하고 개인주의를 받아들이고 있는 상황 속에서 사회 변화가 단기적으로 점진적일 것이라는 점을 받아들이고, 절제를 요구했다. 그는 이것이 그의 근본적인 관점이 바뀌었다는 것을 의미하지 않는다고 강조했다. 달라진 점은 그러한 관점이 적용된 문제들이다. 노동당은 (실제로 그 다음 해에 일어났던 것처럼) 의회적 수단을 통해 권력을 장악할 수 있는 확실한 능력을 가진 주요 세력이 되었지만, 제1차 세계대전의 해결과 대공황은 사회주의가 이상보다는 실제 정치의 문제가 되었다는 것을 의미했다 (Cole, 1929: vii-viii).

실용성은 사회화에 중요한 영향을 끼쳤는데, 콜(Cole, 1929: 133)은 이를 "경제체제 전체"와 "전체의 운영에 지극히 영향을 미치는 모든 부분"에 대해 "일종의 효과적인 사회적 통제의 확장"으로 정의했다. 이러한 요구는 국유화도 산업과 서비스의 직접적인 관리도 수반하지 않는다. 그는 사회주의가 "사유 재산의 각각의 그리고 모든 사례"보다는 "사회 생활에서의 자본주의의 지배"를 공격한다고 말했다 (Cole, 1929: 132).

콜이 『앞으로의 10년』을 출간한 지 10년 후, 스웨덴의 사회민주주의자 비그포르스(Ernst Wigforss)는 전통적인 자본주의 경제의 문제들과 당시 고국에서 발전하고 있던 사회민주주의적 대안의 장점에 대한 상세한 논문을 작성했다. 1938년 그의 논문은 20세기의 나머지 대부분의 기간 동안 많은 선거에서 승리했던 스웨덴의 사회민주주의 모델 이면에 있는 주요 사상들을 잘 보여준다.

비그포르스는 오랫동안 유일하게 건전한 재정정책으로 여겨졌던 총소득과 지출의 연간 균형을 달성하려는 시도는, 때때로 경제 실패를 바로잡기 위한 방어와 수단의 목적으로 사용될 때를 제외하고는 "모순으로 가득 차" 있다고 주장했다. 그는 공공지출이 경제생활과 사회에 부담으로 여겨졌던 이 정책은 "최근의 불황기 동안 국가가 재정정책을 통해 경제변화에 미칠 수 있는 영향력에 대한 새로운 개념이 증가함에 따라 동시에 폐기되었다"고 말했다 (Wigforss, 1938: 27). 1933년과 1936년 그의 스웨덴 사회민주노동당은 두 공산당의 지지로 소수 정부를 구성했고, 복지, 교육, 경제 확장과 사회 기반 시설, 공공 설비, 주택, 농업과 같은 소득 창출 국영 기업으로의 공공 자본 투자에 대한 세금과 공공 차관을 증가시켰다. 이는 1938년까지 보수와 진보가 불가능하다고 생각했던 방식으로 균형 예산을 달성하고 있었다. 비그포르스(Wigforss, 1938: 33)의 표현처럼 "비생산적인 지출을 위한 차관 정책이 공공부채의 부담을 증가시키고 국가 재정에 대한 신뢰를 떨어뜨릴 것이라는 우려는 근거가 없는 것으로 판명되었다." 마르크스주의자들은 사회민주주의가 항상 자본주의가 허용한 범위 내에서 작동해야 하며 국가는 결국 자본주의를 근본적인 변화로부터 보호하고 있다고 주장한다. 비그포르스가 자신의 정당의 업적들에 대해 논의한 것은 이러한 한계 내에서도 많은 것을 달성할 수 있다는 것을 보여준다.

그럼에도 불구하고 사회민주주의의 문제는, 현대 사회주의 사상가 웨인라이트(Hilary Wainwright)에 따르면 "기껏해야 지배력에 대한 자비로운 형태의 이해를 중심으로 만들어진" 온정주의적인 것이라는 점이다. 그녀는 "이는 종종 정책 결정에 책임이 있는 전문가들이 사람들의 능력을 저평가하는 것을 포함한다"고 덧붙였다 (Wainwright, 2018: 13). 이것은 사회주의의 결사체주의 전통이 피하고자 노력했던 문제이다.

결사체 사회주의

많은 사회주의자들은 종종 다원주의라고 불리는 결사체주

의가 다수의 효과적인 결사체들 때문에 마르크스-레닌주의와 사회민주주의에 대한 매력적인 대안이라고 생각한다. 예를 들어, 20세기 초에 라스키, 영국의 길드 사회주의자들, 프랑스의 노동조합주의자들(syndicalists)은 이것이 어떻게 달성될 수 있을지에 대해 몇 가지 제안을 했다 (Laborde, 2000: 140-153). 그러나 결사체주의 전통의 뿌리는 19세기 초 푸리에의 사상으로 거슬러 올라갈 수 있다.

푸리에(Fourier, 1996: 36-37)는 세계의 모든 여러 물리적 움직임은 (사회적 기제와 같은) 사회 운동, (사람을 포함한 모든 동물의 열정과 본능에 관한) 동물 운동, (형태, 색, 냄새와 같은 특성에 대한) 유기적 운동, (물질의 만유인력과 같은) 물질적 운동 중 하나 혹은 그 이상에 의해 설명될 수 있다고 주장했다. 중요하게도 이 네 가지 동작은 그가 '열정적 인력'이라고 부르는 자연적인 추진력을 설명할 수 있었다. 이를 바탕으로 사회적 관계가 규제될 수 있었고, 만족스러운 인간 생활에 필요한 산업 유형으로서 농업 결사체가 도입되었다 (Fourier, 1996: 15-18).

푸리에 (Fourier, 1996: 10)는 그의 이론이 "상업적인 투기를 달래기 위해 피로 목욕하는" 기존 문명의 문제들을 해결할 수 있다고 믿었다. 그 문제들은 빈곤을 포함했고, 그는 여기에 있어서 특히 여성을 강조하였다 (Fourier, 1996: 91-93, 129-143). 그가 제안한 해결책은 그가 팔랑크스

(phalanxe, 보병밀집대형, 팔랑쥬[phalange]라고도 불림
– 역자 주)라고 불렀던 결사체적 농업 공동체에 기초했다.
각 팔랑크스의 약 천여 명의 사람들은 "단일 산업의 서로
다른 분과에 전적으로 헌신하는 몇몇 연합된 집단들로" 구
성된 여러 진보적인 열을 포함하는 칸톤(canton)을 경작할
것이다 (Fourier, 1996: 12). 농업 결사체는 "일단 하나의
칸톤을 세우고 나면, 이 질서가 그들이 아무리 부유하든 가
난하든 간에 모든 개인들에게 보장하는 그야말로 그 막대한
이익과 셀 수 없는 즐거움 덕분에 각 나라에 동시다발적으
로 복제될 것이다"(Fourier, 1996: 15). 이것은 "전쟁, 혁
명, 가난과 부정의가 사라지게 할 것이다"(Fourier, 1996:
88). 상업적인 투기는 전투의 필요 없이 영구적으로 극복될
것이며, "지금까지 그렇게 강력했던 배는 완전한 망각 속으
로 가라앉을 것이다"(Fourier, 1996: 10).

공동체를 해방의 수단으로 분명하게 주창한 반면, 푸리에
(Fourier, 1996: 13)는 평등에 대해 이론적이거나 철학적
인 논쟁을 할 시간이 없었다. 그는 자유주의적이고 형식적
인 법 앞의 평등한 권리에 대한 프랑스혁명가들의 평등주
의적 이상에 비판적이었다 (Arblaster, 1984: 203–211).
그러한 평등이라는 이유로 추진된 혁명은 푸리에에게는 환
상이었고, 이는 프랑스 내부와 해외 전쟁에서 사망한 많
은 인민들의 삶을 개선시키는 데 거의 도움이 되지 않았다

(Fourier, 1996: 280). 그의 새로운 사회는 평등을 위한 철학적 주장보다는 순수하고 열렬한 열정을 필요로 할 것이다 (Fourier, 1996: 13).

푸리에의 계획에서 칸톤의 각 열은 "나이, 운, 성격, 이해력 등 모든 면에서 불평등한 사람들로 구성된다." 조건의 불평등은 사회적 조화의 상태에서 더 많고 더 좋은 상품을 생산하기 위한 열 간의 경쟁, 예를 들어, 배 재배자와 사과 재배자 사이의 경쟁으로 인해 이로울 것이다. 일은 즐거움이 될 것이고, 사람들은 이윤 창출보다 경쟁에 더 관심을 갖게 될 것이다 (Fourier, 1996: 292-293). 더 많고 더 좋은 재화들이 모두를 위해 생산될 것이다.

1818년 판 『4대 운동(The Four Movements)』에서 푸리에(Fourier, 1996: 312)는 그가 "방향적 운동을 잊었다"는 것과 "열정이 그들의 중심축이자 모델임을 생각하면, 네 개의 다른 선상에 이를 잘못 위치시켰다"고 인정했다. 그가 의미하는 바는 후에 그의 추종자 브리즈번(Albert Brisbane, 1840: iii)가 미국 대중들에게 푸리에의 사상을 보여주기 위해 쓴 책에서 명확히 밝혀졌다. 브리즈번(Brisbane, 1840: 161-162)은 푸리에의 다섯 가지 운동을 '물질적', '방향적', '유기적', '산업적', 그리고 '사회적이고 열정적인' 것으로 분류했다. 산업적 운동은 푸리에의 원래 분류에서 동물적 운동을 의미한다. 방향적 운동은 전기, 열, 빛, 직류전기 및 자성과 같은 힘으로 구성되어 있고, 이는 푸리에가 공동체에서 전기, 열, 빛을 생산하기 위해 1818년에 제안했던 직류전기의 이점을 보기 위해 왔었음을 나타낸다. 이처럼 푸리에는 '열정'을 통해 인간들 사이 관계에 있어서의 정열을 의미한 것으로 이해할 수 있다. 그의 공동체에서 결사체와 협동조합은 기존의 착취적인 문명에서 성취할 수 있는 것보다 더 큰 보상을 가져오고 훨씬 더 평등한 사회를 만들 것이다.

푸리에와 브리즈번처럼 19세기 후반과 20세기 초반의 프랑스 노동조합주의자들은 시민권에 초점을 맞춘 자국의 혁명적 전통을 거부했다. 세계산업노동자연맹(IWW: Industrial Workers of the World)의 가장 잘 알려진 조직인 북미 산업노조(North American industrial unionists)처럼 프랑스와 유럽 각국의 노동조합주의자들은 의회 참여 등 정통정치를 거부하고 시민보다는 생산자에 집중했다. 더군다나 각각은 기존의 자본주의 질서와 국가를 폐지하려고 했다. 노동조합원들의 직접적인 행동을 옹호하며, 필요하다면 그들의 노동조합의 공식적인 지도부에 대항하여 노동조합주의자들과 산별노조원들은 총파업을 목표로 삼았다 (Darlington, 2013).

미래 사회를 위한 노동조합주의의 계획은 산별노조원들의 계획보다 더 복잡했다. IWW의 산별노조원들이 중앙통제를 주창하는 반면, 유럽의 노동조합주의자들은 연합노동자

단체들의 연맹체를 지지했다 (Jennings, 1991; Peterson, 1981). IWW의 일부 회원들은 영국에 메시지를 전했고 20세기 초반 첫 20년간 산업 불안에 시달렸던 급진적 사회주의자들에게 영향을 미쳤다 (Pelling, 1956: 99-105).

콜(Cole, 1917: 6)은 미국의 산별노조주의와 프랑스 노동조합주의에 부분적으로 영감을 받았다는 것을 인정하면서, 『산업에서의 자주관리(*Self-Government in Industry*)』에서 국가적 길드 운동이 영국의 조건과 기질에 맞는 덜 급진적인 방식으로 혁명을 일으키려고 함을 시사했다. 세계대전 이후 위대한 자본가들이 노동조합의 힘을 꺾으려 한다는 징후가 나타나고 있었다. 따라서 산업과 사회의 통제에 대한 혁명적인 변화가 필요했고, 정치적 민주주의는 "산업적 귀족계층이 거의 도전받지 않으면서 여전히 남아있었기 때문에, 농담이자 가식"이 되었다 (Cole, 1917: 3). 영국 노동계급이 국가 정부에 의해 지배되는 사회주의를 받아들이지 않을 것이라고 믿으면서, 콜의 길드 사회주의적 대안은 노동계급이 공동체 내에서 생산자와 소비자 사이에 산업의 통제를 공유할 새로운 조직망을 통해 자본주의를 대체할 새로운 경제체제를 구축할 것을 요구했다. 그러한 통제는 민주화될 것이며, 이는 "노동자 스스로가 통제할 권력과 책임의 계속해서 증가하는 한도를 가져야 하며, 자본주의적 우위는 노동자들이 민주화된 국가와 연계하여 산업을 통제하는 산업민주주의체제에 의해서만 전복될 수 있다"는 것을 의미한다 (Cole, 1917: 4). 제5장에서 논의될 바와 같이 그는 1920년 『다시 쓰는 길드 사회주의(*Guild Socialism Restated*)』에서 사회주의 사회를 위한 청사진으로서 이러한 생각들을 발전시켰다.

라스키의 결사체주의는 그의 주권에 대한 비판과 불가분의 관계가 있었다. 그가 『주권의 토대와 기타 에세이들(*The Foundations of Sovereignty and Other Essays*)』에 발표한 처음 두 편의 글에서 그 연관성은 명확하다. 표제 에세이에서 그는 주권국가의 개념을 공동체의 보편적 이익을 보호하기 위해 국가 수준의 정부에서 우월성 없이 운영되는 궁극적인 권위의 원천으로 묘사하는 것은 사실상 권력 관계를 감추는 역할을 한다고 주장했다 (Laski, 1921: 1-29). 그는 '행정구역의 문제에 관하여(On the Problem of Administrative Areas)'라는 에세이에서 경제력을 가진 자들이 영국의 중앙집권적 의회제도와 미국의 연방제 둘 다에서 모든 지리적인 수준마다 권력을 휘둘렀다고 주장했다. 그에 따르면 각 지리적 수준별 정부들은 각각의 영토에서 사람들 공통의 수요를 제공하는 데에 더 강력한 역할을 가져야만 했다. 여기에는 노동조합을 포함한 집단들의 특수한 이익을 위한 기능적 단위의 체제가 수반될 것이다. 보다 광범위한 교육을 통해 노조원들은 고용주와 교섭을 할 수 있게 되었고, 결국 산업민주주의를 특징으로 하는 새로운 경제체제로 자본주의를 대체하게 되었다. 일단 주권의 진짜 목적이 드러나면, 중앙정부는 기능적 기구가 다른 사람들을 희생시키면서 자신의 이익을 보호하지 않도록 하는 데에 진정한 역할을 할 수 있었고, 그렇게 해야만 했다 (Laski, 1921: 30-102).

라스키는 점차적으로 온건해졌지만 콜처럼 결사체주의를 완전히 포기한 적은 없었다. 『정치학 입문』에서 그는 노동 생활에서 인민에 의한 상당한 정도의 통제를 유지할 것을 제안했지만, 지금은 국가에서 더 광범위한 경제적 역할을 찾았다 (Laski, 1925: 433-540). 그러나 1930년대에 파시즘의 확산과 사회주의의 발전에 해로운 다른 사건들과 과정들을 목격하면서 그는 유사 마르크스주의적(quasi-Marxist) 관점을 채택했다. 그는 『정치학 입문』 제4판의 도입부에서 의회 조직과 일부 권위의 기능적 분배의 조합을 계속해서 요구했지만, 주권국가에 대한 자본주의적 지배 때문에 그 성공 가능성이 이전에 생각했던 것보다 훨씬 낮다고 경고했다 (Laski, 1938: x-xxvii).

1970년대에 풀란차스는 1920년대 중반 라스키의 변형된 결사체주의와 가까운 주장을 펼쳤다. 그는 『국가, 권력, 사회주의(State, Power, Socialism)』에서 그의 초기 저작들의 구조적인 마르크스주의에서 벗어났다. 마르크스주의에 대한 자유민주주의적 비판은 진지하게 받아들여질 필요가 있다고 인정하면서, 그는 사회민주주의와 마르크스-레닌주의가 "대중 이니셔티브에 대한 깊은 불신과 국가주의, 즉 민주적 요구에 대한 의심으로 특징지어지고 있다"고 비판하였다 (Poulantzas, 1978: 251). 레닌의 대의민주주의 폐지는, 노동자가 스스로 결정을 내릴 수 있는 소련에서의 자주관리를 통한 직접민주주의가 아니라 오히려 중앙으로부터의 권위주의적 방향으로 나아갔다. "그렇게 스탈린주의적 국가주의가 태어났다"(Poulantzas, 1978: 255). 자주관리의 직접민주주의를 감독할 국가가 필요하다는 점에서, 다른 나라들의 대의민주주의가 폐지된다면 스탈린주의적 지배는 여전히 가능성이 있는 결과로 남아있었다. 그러나 사회민주주의적 대안은 "국가가 위로부터 대중들에게 사회주의를 가져다 줄 것으로 이해하도록 둔" 체제 내에서 대의민주주의를 통해 운영하는 새로운 '계몽된' '좌파 엘리트'들을 포함했다. 따라서 풀란차스는 그 대신 결사체주의적 주장을 펼쳤다. 그에게 있어 국가의 변혁은 자주관리체제를 통한 진정한 직접민주주의의 도입과 더불어 대의민주주의가 허용하는 정치적 자유의 확대를 수반할 필요가 있었다. 그러나 그는 새로운 사회주의 경제가 운영되기 위해 필요하다고 생각한 제도적 준비에 대한 계획은 제시하지 않았다.

제5장에서 논의되겠지만, 제2차 세계대전 이후 유고슬라

비아에서는 카르델리(Edvard Kardelj)와 같은 작가들이 사회주의적 자주관리이론을 제시했다. 그들은 결사체주의를 레닌주의자 및 스탈린주의 노선과 결합시켰는데, 이는 주로 권위주의적인 명령경제 형태로 적용되고 실행되었다. 폴란차스는 질라스처럼 마르크스주의를 완전히 포기하지 않았던 한편, 유고슬라비아를 언급하지는 않았지만 그 역시 사회주의적 자주관리 실천에 만족하지 않았을 것으로 보인다.

1980년대와 1990년대에 허스트(Paul Hirst)는 결사체주의적 사회주의의 부활을 도왔다. 그는 "다원주의 국가에서의 결사체 사회주의(Associational Socialism in a Pluralist State)"라는 논문에서 전통적 계급이 더 이상 명확하게 정의되지 않고 사회주의적 중앙계획의 인기가 시들해진 서구 사회에서 결사체주의적 경제가 호소할 수 있다고 주장했다. 그는 서구 사회에서 결사체 사회주의가 시행되면 서구 시민사회와 양립할 수 있고, 자발적인 결사체들과 공동체들의 힘을 강화하며, 따라서 다원성과 다양성을 부정하는 대신 그 위에 구축될 것이라고 주장했다. 그는 결사체 사회주의가 "중앙계획의 경제적 전체주의와는 달리, 결사체를 소외시키고 그들에게 의사결정의 자율성을 주지 않도록 정해지지 않았다"라고 강조했다. 그럼에도 불구하고 결사체 사회주의는 "시장 지향적 경제 활동에서 떠나 '사회적' 주변부로 결사체를 밀어내지 않기 때문에, 시장 지향적 기업자본주의에 내재된 지배를 수반하지 않았다"(Hirst, 1988: 142). 라스키처럼 그도 사회주의적이 되기 위해서는 결사체 사회주의에 "제대로 기능하기 위한 규제와 초기업적 서비스와 기관들"이 필요하다고 믿었다 (Hirst, 1988: 143). 그렇지 않으면 경쟁 시장은 결국 기업 자본주의로 변형될 것이다.

20세기 후반 공산주의, 마르크스-레닌주의 국가에서 중앙계획경제의 쇠퇴와 결국 붕괴에 대한 사후 인식으로, 현대 산업 사회에서 비시장 경제를 추구하는 것은 무의미하다는 견해가 크게 영향력을 가졌다. 경제가 더 복잡해지면 중앙계획의 실패는 거의 불가피하다고 여겨졌다. 이것은 첫째, 복잡한 경제에서 중앙계획체제가 제공할 수 있는 것보다 더 많은 정보의 필요성, 둘째, 혁신적 결정을 내리고, 위험을 감수하고, 가혹하지만 필요한 결정을 내릴 인센티브의 필요성, 셋째, 중앙계획이 조장하는 권위주의적 경향의 문제 때문이었다. 자유시장 경제학자 하이에크(F. A. Hayek)는 이러한 문제들이 어떤 종류의 사회주의도 생존할 수 없게 만들고 윤리적으로 비난받을 수 있게 만든다고 주장했다 (Caldwell, 1997).

1980년대와 1990년대 초 노브(Nove, 1991: 207)는 하이에크의 의견에 동의하지 않으면서, 뚜렷한 결사체적 요소를 가진 실현 가능한 사회주의를 제안했다. 노브의 경우 대규모 생산수단은 국가 차원에서 국가가 소유하거나 협동조합이 소유해야 하며, 개인 소유는 매우 제한되어야 했다. 민주적으로 선출된 의회에 따른 중앙 계획이 있고, 어떠한 상품이 생산되고 서비스가 제공되어야 하는지에 대한 결정을 내리기 위한 국민투표가 추가된다. 따라서 결정들은 시장의 영향을 받을 것이다. 노동자와 소비자는 또한 제한된 소규모 민간 부문을 제외하고 각 부문 내의 다양한 수준에서 경영 의사결정에 참여할 것이다. 세금, 소득 정책, 독점권 제한에 대한 결정은 계속해서 국가 수준에서 정부가 정한다 (Nove, 1991: 24-26).

노브의 모델은 곧 '제3의 길'에 가리워졌다. 도입부에서 논의한 바와 같이, 온건한 사회민주당은 영국과 독일을 포함한 국가들의 유권자들의 상당한 열정으로 적어도 일시적으로나마 '제3의 길'을 채택했다. 그럼에도 불구하고 중앙 계획과 시장 원리에 반대하는 노브의 사례는 계속해서 영향을 미쳤다.

노브의 '실현 가능한' 사회주의는 시장사회주의로 알려진 전통과 연관성을 가지고 있으며, 그 중 몇 가지 모델이 존재한다. 랑게(Oskar Lange, 1964)는 1938년 『사회주의의 경제이론에 대해(*On the Economic Theory of Socialism*)』에서 자유로운 직업 선택권을 가진 사회적 기업 경영의 분배와 중앙계획위원회를 주장하였다. 경영진은 소비자 수요에 대응하지만, 부족한 상황에서 위원회는 최대한의 사회 복지를 제공하는 방식으로 분배하기 위해 가격을 조작할 것이다.

로머(John Roemer), 슈바이카르트(David Schweickart), 밀러(David Miller)와 같은 후기 시장사회주의자들은 랑게보다 덜 중앙집권화된 설명을 제공했다. 로머(Roemer, 1992: 452-455)의 경우, 대기업은 공적으로 소유되고 노동자에 의해 선출되거나 이사회에 의해 임명된 관리자에 의해 운영된다. 경영자들의 목표는 이윤을 극대화하는 것이다. 제품의 가격은 시장에 의해 결정된다. 수익과 임금은 정부가 물과 같은 공공재와 보건과 같은 서비스를 제공할 수 있도록하기 위해 과세될 것이다. 이것은 두 가지 주요한 이유로 사회주의체제가 된다. 첫째, 정부로 선출된 정당은 재정이 어떻게 투자되어야 하는지를 결정한다는 측면에서 경제에 개입할 수 있는 힘을 갖게 될 것이다. 둘째, 체제 운영에서 창출된 이익은 과세 후 시민들 사이에 배당금으로써 거의 동등한 조건으로 나뉜 중앙 기금에 기여할 것이다.

슈바이카르트의 설명은 국가적 수준에서 생산수단에 대한 평등한 소유권을 의미하지 않는다. 대신 기업의 근로자들은 선출된 대표들을 통해 스스로 경영하는 동료들이다. 그들의 기업은 사회적 재산을 이용하기 위해 임대료(세금의 일종)를 낸다. 그는 투자 자금을 마련하기 위해 세금을 사용하는 것이 시민들에게 돈을 절약하도록 지속적으로 설득하는 것보다 더 믿음직하다고 말한다. 투자는 국내 공동체들에게 그 규모에 따라 전달되며, 부분적으로는 수익성과 고용된 인원 수에 따라 기업 간에도 공유된다. 슈바이카르트는 자신의 모델을 '경제민주주의'라고 부르는데, 이는 "기업의 노동자 자주관리, 투자의 사회적 통제, 재화와 서비스의 시장이라는 세 가지 기본 구조를 가진 경제체제"라고 생각할 수 있다. 이는 "임금노동, 생산 수단의 사적 소유, 상품, 서비스, 자본, 노동의 시장"에 기반을 둔 자본주의와 다르다 (Schweickart, 1998: 18).

밀러는 상당히 더 큰 평등을 보장하지 않는 무거운 세금 부담을 피하고 싶어 하는데, 이러한 이유로 투자에 있어서 시민들의 저축에 의존한다. 그의 의견의 핵심은 "자본의 소유는 사회화되는 동안 대부분의 재화와 서비스를 제공하는 수단으로서 시장 메커니즘을 유지한다"는 것이다 (Miller, 1990: 10). 생산성이 높은 모든 기업은 은행과 같은 투자 기관으로부터 자본을 빌리는 노동자 협동조합일 것이다. 협동조합은 노동자들에 의해 민주적으로 관리될 것이다. 급여를 포함해 협동조합에서 수익을 배분하는 방법이 결정될 것이다. 협동조합은 어떤 상품을 만들 것인지, 그 방법 및 가격과 같은 문제에 대해 스스로 결정할 것이다.

그러나 시장사회주의가 사회주의의 핵심 원칙을 실제로 얼마나 잘 충족시키는가? 그것이 자본주의적 시장경제보다 덜 불평등한 결과를 낳는가? 공동체를 육성하는가? 시장의 자유가 사회적 자유가 번성할 수 있게 하는가? 시장사회주의는 이러한 기준에서 다른 형태의 사회주의와 비교될 필요가 있다.

결사체주의는 21세기 초 사회주의자들의 관심사로 남아 있었다. 예를 들어, 웨인라이트는 영국의 뉴캐슬온타인의 공공 서비스 프로젝트에 대한 연구를 발표했는데, 이 곳 공무원들은 민간 부문에 공공 서비스를 매각하는 아웃소싱 방식보다 더 성공적인 서비스를 제공하기 위해 노동조합의 지원을 받아 자신들을 조직화했다. 그녀는 이것이 "진정한 참여와 역량강화"를 수반한다고 주장했다 (Wainwright with Little, 2009: 169).

유고슬라비아의 사회주의적 자주관리와 영국의 길드 사회주의는 새로운 사회주의적 사회를 위한 주목할 만한 청사진을 다룬 5장에서 논의될 사례들이다. 그러나 먼저 정치적 그리고 사회적 변화에 대한 사회주의적인 생각들을 생각해 볼 것이다.

4장

정치적 그리고 사회적 변화

사회주의자들은 더 나은 사회와 정치로 전환하는 데에 있어 그 본질과 세부 사항들에 관한 의견들이 매우 다르고 종종 이에 대해 언쟁을 벌이기도 한다. 한 편에서는 사회주의자들이 만족할 수 있는 정치적, 사회적, 경제적 변화의 정도에 관해 생각한다. 또 다른 편에서는 그 수단이 직접적이고 혁명적이어야 하는지 아니면 헌법적이어야 하는지에 대해 고민한다. 이 두 분파는 종종 서로 상관관계가 있지만, 다음 절에서 설명하듯 항상 그렇지는 않다. 그 다음 절에서는 사람들은 새로운 사회로 어느 정도로 인도되거나 이끌릴 필요가 있는가에 대한 또 다른 종류의 차이점을 논할 것이다.

　더 넓게 나누어 보면, 정치적, 사회적 변화를 이끌어내기

위한 전략들 사이에도 차이가 있다. 마르크스, 레닌, 룩셈
부르크(Rosa Luxemburg), 트로츠키(Leon Trotsky), 마
오쩌둥은 혁명 전통에서 중요한 대표 인물들이지만, 그들의
생각은 서로 매우 달랐다. 시드니와 베아트리스 웹, 베른슈
타인, 토니 등은 개량주의에 속하는데, 그들 사이에도 의견
이 다양하다. 우리가 이미 보았듯이, 라스키, 그람시, 풀란
차스의 이론과 마르크스의 후기 저작과 같은 일부 이론에는
개혁과 혁명의 측면이 있다. 이 장은 사회주의의 넓은 범주
내에서 이러한 차이점들 중 일부에 초점을 맞춘다.

혁명적 또는 헌법적 변화

정당이나 집단이 사용하는 특정한 변화의 방법이 하나의 이
데올로기에만 국한될 필요는 없다. 애초에 행동을 취하게
된 이유가 이데올로기적 위치선정에 결정적이다. 실제로
1789년 프랑스혁명, 그 후 190년이 흐른 뒤의 이란혁명,
또 그로부터 10년 뒤의 동유럽혁명은 사회주의 혁명이 아
니었다. 사회주의가 되려면, 사람들과 그 공동체가 서로 협
력을 통해 번영할 수 있고 그렇게 되어야 한다고 믿는 사람
들에 의해서 운동이 시작되어야만 한다. 그들은 특정한 종
류의 평등과 자유가 필요하고, 사람들은 가능한 사회성이
유지되도록 보장할 책임이 있으며, 자본주의는 상당한 정도

로 개혁되거나 폐지되어야한다고 믿는다.

또 다른 적절한 질문은 변화의 과정이 궁극적으로 국가의 폐지로 이어져야 하는가에 대한 것이다. 엥겔스(Engles, 1976: 363)는 국가가 폐지되기보다는 시들어 버리거나 사멸될 것이라고 말했다. 이는 이데올로기적 중첩의 한 예로서 무정부주의와 관련이 있다. 엥겔스와 같은 마르크스 사회주의자들은 국가가 언젠가는 사라질 것이라는 무정부주의자들의 의견에 동의하지만, 어떠한 형태의 국가가 가까운 미래에 필요하다는 것도 인정한다. 무정부주의자들은 국가가 서서히 시들어가는 것보다는 국가의 신속한 폐지나 파괴를 요구하는 경향이 있다. 무정부주의자와 혁명적인 마르크스 사회주의자의 차이는 레닌을 통해 알 수 있다. 1917년 10월 레닌과 러시아 공산주의자들이 권력을 장악하기 직전, 그는 『국가와 혁명(*The State and Revolution*)』에서 사회주의자와 무정부주의자의 구분에 대해 논했다. 레닌(Lenin, 1976: 137)에 따르면 첫째, 무정부주의자들은 국가의 완전한 파괴를 목표로 했지만, 마르크스주의자들은 "사회주의 건설의 결과로서 국가를 약화시킬 사회주의 혁명이 계급을 폐지한 후에야 이 목표가 달성될 수 있다"고 인식했다. 그는 무정부주의자들이 국가가 파괴될 수 있는 조건들을 이해하는 데 실패했으며 그들은 "하룻밤 사이에 국가를 완전히 파괴하는 것"을 원한다고 주장했다. 둘째, 마르크스주의자와 무정부주의자는 모두 옛 국가가 반드시 파괴되어야한다는 데에 동의했지만, 전자는 국가 권력을 탈취하고 그 조직을 무너뜨린 후에 이를 "무장 노동자들의 단체로 이루어진" 새로운 국가 조직으로 대체해야한다고 생각했다. 레닌에 따르면, 무정부주의자들은 국가를 거부했지만 대신 그 자리에 프롤레타리아가 무엇을 두어야하는지 "아무 생각이 없었다." 셋째로 레닌은, 마르크스주의자들은 "혁명을 위해 프롤레타리아를 준비시키는 데 현재의 국가를 이용하기를 요구하지만, 무정부주의자들은 이를 거부한다"고 말했다. 비록 무정부주의자들은 레닌의 비판에 이의를 제기하지만, 레닌의 구별은 사회주의와 무정부주의의 차이를 명확히 하는 데에 도움을 준다. 게다가 그 중첩됨을 주목해 보면, 때때로 무정부주의적 사회주의자로 여겨지는 사람들을 확고히 무정부주의자로 여기는 것이 더 낫다는 사실을 일깨워준다.

매우 일반적인 구분으로써 사회주의자들을 (a) 자본주의 체제 전체와 그 정치제도를 전복하고 대체하려는 사람들과 (b) 헌법적 수단으로 그 제도를 개혁하려는 사람들로 나누는 것은 포괄적이지 않다. 사회주의 공동체와 연방이 기존의 국가 내에 건설될 수 있다고 생각했던 오언과 푸리에와 같은 사상가들은 이러한 구분에는 포함되지 않는다. 게다가 위헌적이고 때로는 폭력적인 수단으로 기존 질서를 전복하려는 혁명가들은 보통 가장 급진적인 사회민주주의자들보다 더 광범위한 변화를 원하는 경우가 많지만, 이 상관관계가 항상 적용되는 것은 아니다. 때때로 민주적 사회주의자들은 궁극적으로 직접적인 혁명가들만큼이나 혹은 더 큰 변화를 원하기도 한다. 예를 들어, 라살레(Lassalle, 1990)는 노동계급이 단순히 상황을 개선하는 것보다 더 큰 요구를 실현할 수 있는 유일한 방법은 국가 입법부의 대의제뿐이라고 주장했다. 이를 위해 노동계급은 독자적인 정당을 만들고, 보통선거를 위해 합법적 선동을 통한 선거운동을 벌여 그 정당의 권력 강화를 이끌어낼 필요가 있다. 라살레는 그러한 정당이 없다면 노동계급은 그의 여건을 개선하는 것 이상을 달성할 수 없을 것이라고 주장했다.

더 나은 사회로 가는 헌법적 방법은 결과를 도출하는 데까지 시간이 걸린다. 베른슈타인(Bernstein, 1993: 207)이 1899년 인정했듯이, "몇 년 안에 노동계급 전체를 현재와 전혀 다른 환경으로 옮길 수는 없다." 그는 혁명적 접근이 "소수의 특권층이 진보의 길에 놓은 장애물을 제거하는 데에는 더 빠르게 일하면서" 소극적인 측면에서 더 강했다고 인정했다. 그러나 헌법은 느리긴 하지만 "영구적이고 실행 가능한 경제적 협의를 하는 게 문제"인 곳에서는 더 강력했다 (Bernstein, 1993: 204). 그는 헌법적 방식을 택한 자신의 사례를 다음과 같이 요약했다. "정치적 행동의 소극적인 과업들이 적극적인 과업 다음으로 고려되는 한 국가에서,

소수 자산가의 권리가 사회 진보에 심각한 장애가 되지 않는 정치 상황에 있는 한, 폭력적 혁명에 대한 호소는 무의미해진다"(Bernstein, 1993: 205). 따라서 베른슈타인과 라살레는 점진적인 정치적 변화가 중요하고 근본적이며 실로 광범위한 사회적 결과를 가져올 수 있다고 믿었다.

트로츠키와 같은 사상가들은 개헌이 실질적인 결과를 가져올 수 있다는 사회민주주의적 신념이 비현실적이라고 비판해 왔고, 1917년 그는 러시아를 자본주의적 발전의 탈혁명기로 이끌지 말고 사회주의 혁명을 당장 시작해야 한다고 레닌을 설득했다. 이는 그의 영구혁명론의 일부였다 (Service, 2010: 108-109, 161-169). 트로츠키는 혁명가들은 민중의 상당 부분이 신속하고 직접적인 행동을 취할 준비가 되어 있는 순간을 포착할 필요가 있다고 주장했다. 그가 1930년 『러시아 혁명사(The History of the Russian Revolution)』 서문에서 밝힌 것처럼 "수십 년 동안 반대파의 비판은 사회구조 안정의 조건인 집단적 불만의 안전한 배출구에 지나지 않았다"(Trotsky, 1977: 18). 그는 사회민주주의적 비판이 그러한 목적에 부합했다고 덧붙였다. 그로부터 5년 전, 『영국은 어디로 가는가?(Where is Britain Going?)』에서 그는 노동당이 그 스스로를 페이비언 점진주의와 의회 정치에 제한시킴으로써 부르주아계급의 신뢰를 강화하고 영국 프롤레타리아들의 인내심을 한계에 다다르게 하고 있다고 주장했다. 그는 "페이비언이 영국의 혁명적 발전을 더 오래 억제할수록 더 위협적이고 격렬하게 폭발할 것"이라고 강조했다 (Trotsky, 1970: 133).

레닌 역시 20세기 초에 다른 마르크스주의자들과 마찬가지로 스스로를 사회민주주의자라고 칭했음에도 불구하고, 그 이후 '사회민주주의'가 의미하게 된 개량주의를 거부했다. 1902년 『무엇을 할 것인가?』에서 그는 사회민주주의의 재정립을 이끌던 분위기를 다음과 같이 요약했다.

> 사회민주주의는 사회혁명의 정당에서 사회개혁의 민주적 정당으로 변화해야 한다. 베른슈타인은 이 정치적 요구를 잘 들어맞는 수많은 '새로운' 주장과 논리로 에워쌌다. … 따라서 혁명적 사회민주주의에서 부르주아적 사회개량주의로의 결정적 전환에 대한 요구는 마르크스주의의 모든 근본적 사상들에 대한 부르주아적 비판으로의 결정적인 전환도 역시 수반했다. (Lenin, 1947: 9)

15년 후 1870년대 독일 사회민주당의 '자유 인민 국가'로의 계획적 요구에 대해, 레닌은 『국가와 혁명』에서 이는 "기회주의적 구호이다. 이는 부르주아 민주주의의 장식일 뿐만 아니라 국가에 대한 사회주의의 비판을 전반적으로 이해하지 못함을 나타냈기 때문이다"라고 주장했다. 그는 부르주아 민주주의 국가가 "자본주의하에서는 프롤레타리아를 위한 최상의 국가 형태이지만, 우리는 가장 민주적인 부르주아 공화국에서조차 임금 노예는 인민의 몫이라는 것을 잊을 권리가 없다"고 말했다 (Lenin, 1976: 24). 그는 "프롤레타리아 국가에 의한 부르주아 국가의 대체는 폭력적인 혁명 없이는 불가능하다"고 주장했다 (Lenin 1976: 27).

20세기 중반 크로슬란드는 레닌과 같은 마르크스주의자들에 근본적으로 반대했다. 크로슬란드에게 혁명은 특히 기회의 평등과 사회적 이동에 대해 의회적 수단으로 중대한 진보를 이룬 영국과 같은 나라에서는 더 이상 적절한 전략이 아니었다. 그럼에도 불구하고 크로슬란드는 그러한 성과들에 만족하지 않았다. 그의 표현에 따르면,

> 그들은 … 계급 계층화의 정도, 광범위한 불평등의 부당성, 그리고 보상의 지나친 분산에서 오는 집단적 불만을 줄이기 위해 보상과 특권의 분배를 평등하게 하는 … 조치들과 결합할 필요가 있다. 사회주의적 관점에서 그러한 제한된 목표는 충분하지 않다. (Crosland, 1956: 237)

따라서 크로슬란드는 계급의 폐지보다는 계급 계층화의 감소를 요구했지만, 다른 측면에서 보면 그의 제안은 레닌만큼이나 변화에 대한 야망이 컸다는 것을 시사한다. 달성 가능한 변화의 정도에 대한 크로슬란드의 견해는 새로운 사회를 위한 그의 청사진을 다룬 이 책의 다음 장에서 다루어질 것이다.

사회민주주의자들이 때때로 광범위한 변화를 추구한다
는 또 다른 예는 초기 길드 사회주의적 급진주의를 다룬 콜
의 후기 저작에서 찾을 수 있다. 그는 『앞으로의 십 년(*The
Next Ten Years*)』에서 자본주의를 어떻게 다룰 것인가라
는 질문을 사회주의자가 어떻게 바라볼 것인지에 대해 다음
과 같이 요약했다. "그는 현재 자본주의 수중에 있는 경제
질서 내에서 사회주의가 중요한 위치를 차지하기를 원한다.
사회주의의 통제체제하에서, 그는 현재의 기업형태의 더 큰
다양성과 새로운 조직 방식을 실험할 더 폭넓은 자유가 필
요함을 확실히 인식하고 있다"(Cole, 1929: 132). 이는 일
부 사회민주당에게는 꽤나 급진적일 것이고, 블레어 같은
중도파에게는 정말로 너무나도 급진적일 것이다. 그럼에도
불구하고 1929년 콜의 접근법은 변화를 위한 계획의 범위
에 있어서 일부 사회민주주의자들이 다른 사람들보다 훨씬
더 급진적이라는 것을 보여주는 데에 도움이 되었다.

　　따라서 사회주의 내에서 혁명가와 사회민주주의자 간의
불일치가 반드시 혁명가들이 더 큰 정도의 변화를 추구한다
는 것을 의미하지는 않는다. 베른슈타인의 사례에서 보듯
어떤 경우에는 장기적인 일련의 개혁으로 자본주의를 결국
폐지하는 것이 목적일 수도 있다. 그러므로 혁명적 사회주
의는 광범위한 변화를 요구하는 것으로, 사회민주주의는 덜
광범위한 개혁을 요구한다고 단순히 정리할 수는 없다.

전통적인 혁명적-의회적 구분은 다른 이유에서도 의의가 부족하다. 첫째, 사회주의자들이 사람들에게 그들이 이끌리기를 또는 스스로를 위해 행동하도록 고무되기를 기대하는 정도를 고려하지 않는다. 어떤 혁명가들은 사람들이 스스로의 주도권을 사용할 것을 기대하는 반면, 다른 사람들은 리더십의 필요성을 강조한다. 둘째, 전통적인 구분은 기존 질서의 지배와 착취를 뒷받침하는 헤게모니에 대항하지 않는 한 혁명적 변화든 헌법적 변화든 문제의 핵심에 도달하지 못할 것이라는 접근법을 고려하지 않는다. 이 둘의 구분에 대해 살펴보자.

인민의 역할

다양한 분파의 몇몇 영향력 있는 사회주의자들은 평범한 인민(people)은 강한 리더십으로 이끌어져야한다고 주장해왔다. 혁명적 마르크스주의 전통에서 레닌(Lenin, 1947: 78-93)은, 혁명에는 작고 잘 통솔된 헌신적인 정당이 전위대로 나서야한다는 마르크스-레닌주의의 중요한 사상을 주창했다. 사회민주주의자들 중에서도 쇼와 시드니 웹 같은 초기 페이비언들은 침투에 대한 경쟁적인 교리들을 제시했고, 쇼는 자유당의 급진적 당원들을 설득하여 그가 창당하려던 새로운 사회주의 정당으로 데려가려했으며, 웹은 대신 자유당 그 자체가 사회주의 정책들을 채택하도록 설득하려 했다. 각각의 경우에서 사회주의 지식인들은 다른 누구보다도 개혁적 자유주의 정치인들과 급진적 사회운동가들에게 영향을 미쳐 국가 의사결정 과정에 서서히 스며들거나 침투했다 (Bevir, 2011: 196-201). 즉 레닌, 웹, 쇼는 사회주의 지식인들의 강력한 지도가 필요하다고 믿었다.

일부 사회주의자들은 중대한 변화를 이루기 위해서는 사람들이 그들 스스로 어떤 종류의 행동을 시도하게끔 기존의 질서에 충분히 불만족해야 한다는 매우 다른 관점을 취한다. 사람들이 전위대의 명령을 기다리지 않고 불만이라는 감정에 따라 행동해야 한다고 강조하는 것은 혁명이론가들만이 아니다. 국가의 선거제도를 이용해야한다고 믿는 일부 사람들은 인민들이 운동을 촉발시키고 상당한 규모의 유권자들 사이에 비슷한 감정을 만들어낼 필요가 있다고 강조한다. 21세기 초 에셀(Stephane Hessel)은 이를 대단히 열정을 자극하는 방식으로 표현했다. 프랑스 저항군이었던 에셀은 나치 강제 수용소에서 고문을 당했다. 유엔 세계인권선언의 초안 작성과 그 이후로 인권 운동을 도왔던 그는 2010년, 400만부 이상이 팔린 『분노하라(*Time for Outrage*)』라는 책을 출판했다. 그의 책은 돈의 힘이 이렇게까지 위대하고 이기적이며 파렴치한 적이 없었던 현재의 상황에 대해 모두가 분노해야 한다고 촉구했다 (Hessel, 2011: 22). 그는 "매우 가난한 자와 매우 부유한 자 사이의 엄청난 격차는 절대 확장을 멈추지 않는다"고 말했다 (Hessel, 2011: 27). 그는 이러한 돈의 힘에 "현대적 통신수단을 이용한" 평화적 저항을 주장했다 (Hessel, 2011: 29). 에셀과 같은 사회주의자들은 만연한 분노가 없다면, 필요한 실질적인 변화는 무관심이나 저항으로 인해 흔들릴 것이라고 믿는다.

일찍이 공산주의자들에게 동조했던 에셀은 20세기 후반까지 민주적 접근을 지지해왔고 프랑스사회당에 입당했다. 이렇듯 그는 대체로 사회민주주의자였지만, 인민들이 단결하여 스스로를 위해 행동해야 한다는 주장은 사회주의 전통의 다른 갈래에서도 나왔다. 실제로 사회주의 운동 초기 트리스탕도 그러한 주장을 펼쳤다. 그녀는 1843년 노동계급 사람들이 "그들의 통일을 주장할 거대한 조합을 세울 수 있게 하는" 정기적인 소액 지불금을 통해 통합될 필요가 있다고 주장했다. 이렇게 그들 스스로에게 힘을 부여하면서 노동계급은 "그들이 노동하고 조직할 권리를 부르주아 신사들에게 요구하는, 그 자신의 소리를 낼 수 있을 것이다"라고 덧붙였다 (Tristan, 2007: 59). 스스로 주도권을 잡음으로써 노동계급은 대표성을 얻고 국가에 요구도 할 수 있을 것이다.

노동자들이 스스로를 위해 행동해야 한다는 다른 주장들은 19세기 후반과 20세기 초반의 러시아, 특히 1905년 실패한 러시아혁명 기간의 파업에 대해 연구한 후 1906년 『대중파업론(*The Mass Strike*)』을 쓴 룩셈부르크와 같은 마르크스주의자들로부터 나왔다. 그녀는 자발적으로 노동자들이 정치적으로 깨어나 활동하게 될 가능성이 가장 높은 상황이 대중파업일 것이라고 주장했다. 대중파업은 정당의 결정으로 촉발되는 현상이라는 추상적인 용어로는 설명할 수 없었다 (Luxemburg, 1986: 18-22). 대중파업의 사례들은 계획에서 비롯된 것이 아니었으며 심지어 일종의 정치적 조직이 존재할 때에도, 파업은 곧 조직자들의 통제를 넘어 확대되었다. 각각의 사례에서, 노동자들 스스로가 그들의 상황에 이런 식으로 대응했을 때에 파업이 발발하거나 확대되었다 (Luxemburg, 1986: 23-45). 이어서 그들은 자본주의 질서를 무너뜨리기 위해 단결하고 행동할 준비를 할 것이다. 룩셈부르크(Luxemburg, 1986: 46-56)에 따르면, 이 시점에서 정당은 지도력과 방향을 제시해야 한다. 더 나은 상황을 위한 노동자들의 경제적 투쟁은 자본주의 경제를 지탱하는 국가에 대항하여 점차 고조되는 정치적 운동으로 작용할 것이다. 룩셈부르크는 자신의 이론이 러시아뿐만 아니라 적절한 조건이 나타난다면 독일을 포함한 유럽의 다른 나라에도 적용될 것이라고 주장했다.

이처럼 룩셈부르크는 노동자들에게 관심을 집중했다. 마찬가지로 사람들이 단순히 지도받는 것 이상을 해야 한다고 주장하는 몇몇 다른 사회주의자들은, 다른 사회적 역할에서의 인민의 중요성을 강조했다. 예를 들어, 다음 장에서 볼 수 있듯이, 초기 길드 사회주의 시대의 콜은 소비자의 역할을 특히 중요하게 여겼다. 그로부터 60여년이 흐른 1985년 라클라우와 무페는 현대 자본주의 사회에 사실상 많은 억압받는 집단들이 존재하며 사회주의자들은 노동계급의 노동자들에게 집중하기보다는 이러한 상황을 인식할 필요가 있다는 영향력 있는 주장을 내놓았다. 최근 무페(Mouffe, 2018: 60-61)는 다양한 형태의 종속, 착취 및 차별을 다루는 급진적인 계획을 중심으로 한 인민의 구성이 필요함을 다시 한 번 강조했다. 이는 기존의 헤게모니에 대항하려는 패권정치를 통해 달성될 것이다. 실질적이고 지속적인 사회 변화를 이루기 위해 대항 헤게모니를 구축하는 것은 그람시로 시작하는 사회주의 사상가들의 전통에서 중요한 과제로 여겨져 왔다.

헤게모니에 맞서기

그람시는 1928년 무솔리니에 의해 투옥되었다. 검사는 법으로 "그의 뇌가 20년 동안 기능을 하지 못하게 해야 한다"고 요구했다 (Jones, 2006: 24). 그 요구는 성공하지 못했다. 1937년 그람시가 죽기 전 옥중에서 사용했던 공책을 보면, 교도관들과 검열관들의 관심을 피하기 위해 이해하기

힘든 문체로 쓰여져 있지만, 현존하는 지배계급의 헤게모니에 맞서기 위해 대항 헤게모니를 개발해야 한다는 그의 주장을 알아 볼 수 있다. 그는 각 계급마다 의식적으로 그들의 운동을 위해 일하는 유기적인 지식인들이 있다고 주장했다. 노동계급에서 혁명적 지식인들이 등장해, 지배계급과 그 국가가 대중의 동의를 잃고 통제권을 유지하기 위해 강압력에 의존하는 상황을 만들어 낼 것이다. 혁명가들은 농민이나 전통적 지식인과 같은 다른 계급과 집단에 호소하는 주장을 만들어내면서 새로운 패권 운동을 확립할 충분한 지지를 얻을 수 있게 된다. 따라서 인민은 지속적으로 지도받을 필요가 없고, 대신 그들은 혁명적 태도를 받아들이거나 이에 동의하고 운동의 목표에 따라 스스로 연합할 것이다 (Gramsci, 1971: 196-202). 그람시(Gramsci, 1971: 263)에 따르면 국가는 강압의 갑옷으로 보호되는 헤게모니와 같다. 기존 국가를 타도하기 위한 직접행동을 의미하는 '기동전(war of manoeuvre)'이 아니라 사회 내에서 권력과 영향력을 점진적으로 공고히 하는 이른바 '진지전(war of position)'을 채택함으로써 점차 약화될 기존 질서의 헤게모니에 도전하기 위해서는, 새로운 운동의 발전이 필요했다. 이와 같이 혁명가들은 그 합법성이 약화되면서 기존 질서의 헤게모니가 고갈되는 동안 힘을 얻게 될 것이다 (Gramsci, 1971: 238-239). 그 질서에 더 이상 동의하지 않게 되고,

사람들은 혁명을 지지할 것이다.

　동의와 헤게모니에 대한 그람시의 연구는 1919~1920년의 그의 저작에 뿌리를 두고 있는데, 여기에는 결사체주의적 요소가 있다. 그는 "사회주의 국가는 착취받는 노동계급의 특징적인 사회생활제도에 이미 잠재적으로 존재한다"고 말했다 (Gramsci, 1977: 374). 그는 1914~1918년 전쟁이 끝난 이후 토리노 노동자협의회 활동에 영감을 받아, 산업 통제에 기반한 새로운 형태의 민주적 정부가 자본주의 계급과 그 동맹들이 지배하던 옛 의회 민주주의를 대체해야 한다고 주장했다. 그는 이 "프롤레타리아혁명은 매우 긴 역사적 과정이 될 것"이라고 강조했다 (Gramsci, 1977: 377). 부르주아 국가는 폭력적 수단으로 혁명 운동을 끝내려 할 것이고, 그는 나중에 진지전을 떠올리게 한 이 문장에서, 노동계급은 "경계해야 하고, 혁명적 참호에서의 훈련을 유지해야 하며, 인내, 프롤레타리아 비판의식, 그 자신의 세력과 미래에 대한 신뢰가 본질인 규율을 지켜야 한다" (Gramsci, 1977: 401)고 이어나갔다. 이러한 노동자협의회는 사회적, 정치적 변화에 대한 열망이 전혀 없는 구식 노동조합에게 방해받지 않을 것이다. 그러나 이 상황에 이르기 위해 먼저 사회당이 투쟁을 지도하여 공산주의, 나아가 프롤레타리아 독재에 이르게 할 필요가 있었다 (후에 그람시는 이탈리아사회당에 대해 신뢰를 잃고, 공산당을 창설하게 된다). 이렇게 하여 노동자들의 심리는 급진적으로 변화될 것이고, 그들이 스스로를 통제하는 기술, 능력, 성향을 얻을 수 있다. 따라서 중앙 집권적 권력과 노동자 및 농민 대의민주주의의 자율성이 결합될 것이다.

그람시의 변화에 대한 개념은 비록 상당히 전위당론(vanguardism)적 요소가 있음에도 불구하고, 사람들이 그들 자신의 미래를 향해 일하는 데 있어 강력한 역할을 함을 관찰했다. 풀란차스는 그람시의 영향을 받아 이를 비판적으로 분석했다. 풀란차스(Poulantzas, 1978: 258)는 "전면적인 이동전(war of movement)과 진지전(war of position) 중 어떠한 선택을 해야 하는지는 문제가 아니다. 왜냐하면 그람시의 용어를 빌자면, 후자가 항상 요새 국가(a fortress State)를 포위하고 있기 때문이다"라고 주장했다. 단순히 그 국가를 장악하고 대의민주주의를 이용하거나 폐지하는 것만 필요하지 않다. 오히려 사회주의자들은 "그 기반에 자주관리(self-management)의 '반대권력' 건설을 통해 외부로부터 국가의 길을 차단하는 것, 즉 국가를 자신의 영역 내에 격리하고 질병의 확산을 막는다"(Poulantzas, 1978: 262). 그람시를 변호하자면, 토리노 노동자협의회에서의 그의 작업은 풀란차스가 제안한 것과 유사하다고도 해석할 수 있다. 그러나 두 사상가 사이의 분명한 차이점은 노동자들에게 집중했던 그람시와 달리 풀란차스가 좌파가 "(여성 투쟁, 생태 운동 등) 이전에는 '부차적'이라고 잘못 불리던 전선들에 대한 대중적인 요구"를 받아들여야 한다고 제안한 점이다 (Poulantzas, 1978: 263-240). 풀란차스가 더 자세히 설명 하지는 않았지만, 우리가 제2장에서 자유, 평등, 공동체에 대해 살펴보았듯이 라클라우와 무페는 이에 대해 탐구했다.

라클라우와 무페에게는 새로운 상식이 구축될 필요가 있 었다. 이는 사회적, 정치적 변화를 추구하는 집단들의 정체 성을 변화시켜 각각의 요구가 등가적으로 명료해질 것이다. 그들은 마르크스와 엥겔스의 『공산당 선언』을 인용하여 "각 자의 자유로운 발전이 모두의 자유로운 발전을 위한 조건" 이 되어야 한다고 시사했다 (Laclau and Mouffe, 1985: 183). 등가성(equivalence)은 그러한 한 집단의 이익이 다 른 이들의 희생으로 지켜지지 않을 것을 의미한다. 이를 위 해 운동은 "단순히 주어진 이익들 사이에 '동맹'을 설립하는 것이 아니라, 그 동맹에 관여하는 힘의 정체성을 수정하는 것"이어야 한다 (Laclau and Mouffe, 1985: 184). 따라서 등가성은 패권적이고 민주적이며 평등하다.

라클라우와 무페가 주장을 펼칠 무렵 콕스(Robert Cox, 1987: 7)는 헤게모니에 대한 논의를 국제관계 연구에 확장 시켜 그람시의 사상을 조정하고 적용했다. 콕스는 세계패 권 질서를 형성하기 위해 국내와 초국가적 계급 세력이 국 가들과 국제기구들과 결합했다고 주장하였다. 그는 "이는 국가 정책의 특별한 조작이나 특정 '행위자'의 행동과는 무관하고, 국가의 과제와 한계에 대한 일반적인 이해와 관련이 있다"고 강조했다 (Cox, 1987: 6). 국제적 대항 헤게모니 세력의 발전은 가능했지만, 지금까지는 기존의 패권질서가 반대 세력 일부를 끌어들이고 다른 세력은 분열시키는 방식으로 이를 좌절시켰다. 세계 질서로부터 탈출구가 없었기 때문에, 사회주의자들은 대항 헤게모니를 구축하기 위한 국제적인 운동을 계속할 필요가 있을 것이다 (Cox, 1987: 400-403). 이는 사회주의자들이 어느 정도까지 국제주의자가 되어야 하는지에 대한 논제로 이어진다.

국제적 문제

사회주의자들은 종종 국제주의적인 열망을 가지고 있다. 사회민주주의와 마르크스주의 양쪽의 저명한 사회주의 정당들은 보통 국제적인 사회주의 조직에 가입하는 것을 중요하게 여겨왔다. 그러나 실제로는, 국제적으로 목표를 달성할 가능성이 거의 없을 것 같으면 주로 자국 내에서 활동하는 경향이 있다. 19세기 초 사회주의 운동이 시작된 이래 라스키는 1948년 그의 강의 '국제주의로서의 사회주의(Socialism as Internationalism)'에서 비록 항상 의식적이지는 않을지라도, 국제주의적 원칙들보다 주권의 원칙이 우선시되어왔다고 말했다. 사회주의자들은 "국가는 주권을 행사하는 정부가 있는 조직된 공동체가 되어야 한다"는 자결주의가 만든 경계선을 넘지 못했다 (Laski, 1949: 6). 그는 사회주의자들이 "국제주의의 수사학만으로는 충분하지 않다"는 것을 배울 필요가 있다고 주장했다 (Laski, 1949: 16). 이 장 말미에 언급되겠지만, 라스키는 국제주의자들의 열망을 충족시키기 위해 장애물을 극복하는 방법에 대한 몇 가지 혁신적인 견해를 제시했다.

마르크스와 엥겔스가 『공산당 선언』의 결론에서 모든 나라의 노동자가 단결해야 한다고 외친 데에서 그 열망을 분명히 알 수 있다 (Marx and Engels, 2002: 258). 이는 20세기 마르크스주의에 대한 가장 중요한 공헌 중 하나인 트로츠키의 영구혁명론에서도 명백한데, 트로츠키는 러시아의 혁명은 보다 발전한 자본주의 국가들의 혁명이 빠르게 뒤따를 때에만 성공할 수 있다고 강조했다 (Trotsky, 1977: 1029-1030).

프랑스의 사회민주주의자 조레스(Jean Jaures)는 국제주의의 중요성에 대해 매우 다른 견해를 제시했다. 1907년 슈투트가르트에서 열린 사회주의 회의에서 그와 그의 동료들은 "국제적 중재라는 명분을 위해 모든 나라의 노동계급이 중단 없이 노동해야 할 의무"를 선언하며 그 때까지 기존 정부들의 미온적인 지지만 받고 있던 결의안을 통과시켰다

(Jaures, 1908: 191). 그는 이러한 중재 요구가 "우리 국제 사회주의 세계의 새로운 출발"이라고 주장하며, "사회주의는 그 자체로 언제나 평화를 위해 그리고 형제국가 간의 분쟁에 대항해 있어왔다"고 강조했다 (Jaures, 1908: 191). 조레스는 매우 최근까지도 사회주의자들이 기존의 자본주의 질서를 폐지할 필요가 있다는 마르크스주의 노선을 취해 왔다는 것을 인정하면서, 대신 다음과 같은 매우 다른 접근법을 옹호했다. "국가 간의 경제적 전쟁에 대한 더 공정하고 더 현명한 규칙들이 반드시 있을 것이다." 그는 "사회주의자들은 더 큰 생산적인 활동에 대한 열망보다 노동계급의 여건 개선을 우선해야 한다고 가르침으로써 이 선한 명분을 도울 수 있다"고 덧붙였다. 이것은 그에게 "모든 나라에 주입되어야 하는" 생각이었다 (Jaures, 1908: 196). 게다가 "옛날 정복의 희생자인 사람들에게는 더 큰 자유"가 주어질 것이다 (Jaures, 1908: 198).

오스트리아의 사회민주주의자 브라운탈(Julius Braunthal)은 조레스와 마찬가지로 사회민주운동의 국제화에 헌신했다. 20세기 후반 마르크스-레닌주의와 사회민주주의 사이의 치열한 경쟁은 브라운탈이 1949년에 쓴 글을 참조한다면 제대로 알 수 있다. 사회민주주의자들은 특히 스탈린이 나치즘에 대항하는 동맹이 되었을 때, 결국에는 최악의 인권 침해로부터 벗어날 것이라고 생각하면서 소련에 조심스럽게 동조했다. 그러나 스탈린이 동유럽을 장악하기 시작한 후, 서유럽의 일부 사회주의 정당들은 후에 북대서양조약기구(NATO: North Atlantic Treaty Organization)가 되는 서방세계의 동맹을 승인했다. 브라운탈(Braunthal, 1949: 589)이 말했듯이, "서유럽의 사회주의 운동이 공산주의 러시아에 대항하여 자본주의 미국과의 동맹을 실제로 받아들였다는 사실은 가장 중요한 태도 변화를 나타낸다." 비록 마르크스주의자들이 경제와 문화 분야에서 가장 진보한 국가들로부터 영감을 받아 유럽의 자본주의 국가들을 자유롭고 평등한 사회주의 국가 연방으로 변모시키려는 혁명을 계획했지만, 공산주의 혁명은 동유럽 국민들이 "경제적, 문화적으로 가장 낙후된 국가의 독재적인 통제"에 종속되도록 만들었다 (Braunthal, 1949: 590-591). 이처럼 스탈린의 소련은 국제주의적이지 않았다.

그럼에도 불구하고 슈바르츠만텔(John Schwarzmantel)이 상기시켜 주듯이, 다른 사회주의자들은 종종 민족국가를 행동을 위한 여러 체제들 중 하나로 받아들였다. 그는 사회주의적 목적을 위해 민족국가를 활용하는 것은 "국제적 연대에 대한 의식과 국제적인 유대감 즉 초국적 공동체를 만들고자 하는 전통적인 열망을 강화하는 것을 배제하지 않는다"고 강조한다 (Schwarzmantel, 1991: 2-3). 그는 "국가 정체성과 국가 공동체의 구성원으로서의 자격은 하위 국가 수준, 초국가 수준 또는 (예를 들어, 계급 정체성과 관련하여) 교차국가적 또는 초국가적으로 운영되는 다른 정체성을 포함할 수 있다"고 말했다 (Schwarzmantel, 1991: 5). 이렇듯 민족국가에 대한 생각은 사회주의 전통 내의 결사체주의자들과 양립할 수 있다.

민족해방운동과 사회주의적 국제주의의 양립성은 마오쩌둥의 혁명론의 주제였다. 1938년 중국의 대일전쟁 정세 속에 그는 '장기전에 대해(On Protracted War)'이라는 강연을 했다. 그는 청중들에게 "중국의 4억 5,000만 인구가 세계 인구의 4분의 1을 차지한다"고 일깨우며 "그들이 일본 제국주의를 타도하고 자유와 평등의 새로운 중국을 만든다면, 그들은 틀림없이 영구적인 세계 평화를 위한 투쟁에 엄청난 기여를 하게 될 것이다"라고 말했다 (Mao, 1965a: 150).

마오쩌둥은 2년 후 대일전쟁이 제2차 세계대전의 일부가 되었던 그 때에, 『새로운 민주주의에 관하여(On New Democracy)』에서 이것이 제국주의적 지배의 가장 마지막 사건이라고 기술했다. 더군다나 일본이 점령하지 않았던 지역에서 중국은 여전히 자본주의라기보다는 봉건적이거나 반(半)봉건적이었기 때문에, 혁명은 그 두 번째 단계로 나아가기 전에 먼저 제국주의와 봉건주의를 전복시킬 필요가 있었다. 그 두 번째 단계는 프롤레타리아의 사회주의 혁명이 될 것이었다 (Mao, 1965b: 341–343). 마오쩌둥은 한 해 전 '중국혁명과 중국 공산당(The Chinese Revolution and the Chinese Communist Party)'에서 이 점을 밝혔다. 그는 현단계에서 혁명은 '분명히' 프롤레타리아-사회주의적이 아니고, 오히려 새로운 형태의 부르주아-민주주의적 혁명이며 다시 말해 중국뿐 아니라 '모든 다른 식민지와 반(半)식민국가들'에서 발전한 '새로운 민주주의 혁명'이었다고 강조했다. 그럼에도 불구하고 이 혁명은 "세계 프롤레타리아 사회주의 혁명의 일부였는데, 이는 제국주의, 즉 국제자본주의에 단호히 반대하기 때문이다" (Mao, 1965c: 326-327). 마오쩌둥(Mao, 1965c: 327)이 사용한 '일부'는 새로운 민주주의의 단계가 "한 편에는 자본주의의 길을 밝히고, 한 편으로는 사회주의의 전제조건을 만드는" 과도기의 하나임을 의미한다.

마오쩌둥은 『새로운 민주주의에 관하여』에서 자본주의는 "식민지와 반식민지에 의존하지 않고는 살아남을 수 없다"고 주장했다. 1917년 볼셰비키혁명 이후의 상황은 새로운 사회주의 국가(소련)가 "모든 식민지와 반식민지의 해방 운동에 적극적인 지원을 할 준비가 되어 있다고 주장"할 정도였다 (Mao, 1965b: 343). 그는 "이 시대의 식민지나 반식민지의 제국주의에 반대하는 혁명, 즉 국제 부르주아나 국제자본주의에 반대하는 혁명은 새로운 세계 혁명인 프롤레타리아-사회주의 세계 혁명의 일부"라고 강조했다 (Mao, 1965b: 343-344). 마오쩌둥에게는 사회주의 해방의 민족주의적 요소와 국제주의적 요소는 이처럼 얽혀 있었다. 그가 중국에 건설하기를 희망했던 사회에 대해서는 다음 장에서 논의될 것이다.

20세기 후반, 서구 지배에 반대하던 쿠바, 앙골라, 모잠비크, 베트남 등의 민족주의 운동 지도자들은 소련의 지원을 받아 마르크스-레닌주의에 이끌렸고, 이후 국제주의적 공산주의 운동의 일부가 되었다 (Duncan, 1988–1989). 이 운동은 분열되었는데, 예를 들어, 베트남은 때로는 소련에, 때로는 중국에 기울었다 (Leighton, 1978). 그럼에도 불구하고 어떤 형태로든 국제적인 연대가 있었다. 다음 장에서 논의되듯이 최근에는, 21세기 초 차베스(Hugo Chavez)의 베네수엘라 사회주의가 민족주의와 국제주의 원칙의 새로운 조합을 기반으로 하고 있다.

사회주의적 국제주의의 열망이 실현되려면 혁신이 필요하다. 라스키는 이를 '국제주의로서의 사회주의'에서 논했다. 그는 예를 들어, 만약 상대적으로 부유한 국가가 "값싼 노동력 또는 그 국가가 생산할 때보다 더 값싸게 생산된 상품, 혹은 우리가 현재 친숙한 지역보다 더 넓은 지역에서의 자유로운 이주의 권리를 포함한 생활 패턴에 대한 위협으로부터 스스로를 지킬 힘을 포기한다면", 생활수준 하락에 직면하게 될 것이고, 유럽합중국이라는 연방주의 계획은 이 문제를 해결하지 못한다고 주장했다 (Laski, 1949: 11).

이와 같이 라스키는 70년이 지난 후에도 계속해서 다시 대두되고 있는 문제들을 다루었다. 그는 세계 정부로의 신속한 전환이 있을 수 없다고 덧붙였다. 강대국들이 그들의 주권을 포기할 것이라는 생각은 그야말로 환상이었다. 라스키에 따르면 사회주의자들은 "국제 항공선, 국제 철도, 국제 전력 공급"같은 통상적인 영토적 의미의 연방보다는 기능적 조직의 개발을 추진할 필요가 있었다. 그들은 "특정 재화를 생산하는 공동계획 또는 다른 국가에서는 전문화된 다른 재화를 생산하면서 한 국가에서는 한 가지 특별한 재화만 생산하는 계획"을 고안해야 한다 (Laski, 1949: 15). 이러한 양자 간 합의는 다자간 합의로 확대될 수 있다. 그는 자본주의보다 사회주의가 이 계획에 훨씬 더 적합하다고 강조했다. 그러나 유익한 협력 분야는 방대했던 반면, 대담함과 실험정신이 필요했다. 라스키의 요약은 간결했지만 사회주의적 국제주의의 진정한 문제와 혁신적인 해결책의 필요성을 인식하는 데에 중요한 의미가 있다. 국제적 사회주의 조직이 성공 가능한 지점까지 도달하기 위해 국가들 내부에 필요한 진전의 정도를 고려하면, 국경 내의 계획에 초점을 맞추는 경향이 있음은 그다지 놀랄 일이 아니다. 다음 장에서는 그러한 계획들의 다양성을 보여줄 수 있는, 사회주의적 사회를 위한 몇 가지 청사진들을 다룬다.

5장

사회주의적 사회를 위한 청사진들

코언(Cohen, 2009: 57)은 "사회주의 이상에 직면한 주요 문제는 우리가 그것을 작동시킬 기구를 어떻게 설계해야 할지 모른다는 것이다"라고 말한다. 그럼에도 불구하고 새로운 사회주의적 사회의 설계를 위한 청사진을 작성하려는 시도가 있었다. 이 장에 요약된 사례들은 20세기 초 이후 사회주의의 이론적 다양성을 보여준다. 더 두꺼운 책이라면 푸리에와 오언과 같은 초기 사회주의 사상가들에게까지 역사적 범위를 확장시켰을 것이다. 여기서 제시된 더 적은 발췌는 이전 세기에서도 발달에 중요했던 몇 십 년 사이에 출현하고 발전한 마르크스주의, 결사체주의, 사회민주주의이론을 각각 기반으로 하는 예시들로 구성되어 있다.

콜의 길드 사회주의

20세기 초 영국 길드 사회주의자들은 결사체주의 전통에서, 노동자들이 국가로부터 상당한 자율성을 가지고 집단적으로 생산을 통제해야 한다고 주장했다. 홉슨(S. G. Hobson), 마에스투(Ramiro de Maeztu)와 같은 일부 길드 사회주의자들은 길드가 노동자들을 통제하고 소비자의 이익을 해석해야 한다고 믿는 권위주의자였다 (Morgan, 2007). 콜은 길드 사회주의를 보다 민주적인 방향으로 이끌면서, 일반 의지가 사회와 공동체의 일반적인 기구에 존재할 것이며, 이는 각각 지방정부와 길드의회와 같은 지리적, 기능적 결사체를 통해 다른 방식들로 표현될 것이라고 주장했다 (Lamb, 2005; Stears, 1998). 그는 주로 산업에서 기능을 수행하는 노동자들을 위한 결사체에 초점을 맞췄다.

1917년 10월 러시아 볼셰비키혁명이 일어나기 4개월 전에 출판된 『산업에서의 자주관리』에서 콜은 국가적 길드체제를 통해 운영되는 산업민주주의와 함께 영국의 더 큰 정치적 민주주의를 주장했다. 콜은 노동자 스스로가 "계속해서 증가하는 권력과 책임의 정도를 통제해야 한다"고 주장했다. 그는 자본주의 우위는 "노동자가 민주화된 국가와 연계하여 산업을 통제하는 산업민주주의체제에 의해서만 전복될 수 있다"고 덧붙였다 (Cole, 1917: 4).

1913년 출판된 『노동의 세계(*The World of Labour*)』의 1919년판 새로운 도입부에서 콜은 영국노동당이 건설적이 될 것을 촉구했다. 그 정강을 부르주아계급에게 매력적으로 만들기보다는 당 내 신체노동자와 정신노동자의 통합과 보다 광범위한 운동이 훨씬 기능적 민주주의를 수반할 것이다. 그가 말했듯이, "정치 조직뿐만 아니라 사회 활동의 모든 영역, 즉 공동체의 모든 사회적 기능에 민주적 자주관리의 원칙을 적용하는 것은 새로운 시대에 필수적인 개념이다"(Cole, 1928: xxi). 볼셰비키혁명은 영국의 노동자들에게 사회적, 정치적 변화가 일어날 수 있다는 것을 보여주었지만, 콜은 현재의 상황에 적응할 필요성을 느꼈고, 따라서 단기적으로 이룰 수 있는 변화에 대한 계획을 구상하였다.

1920년 콜은 『다시 쓰는 길드 사회주의』에서 볼셰비키혁명이 "어디에서든 노동자들의 정신에 매우 강력한 영향을 끼쳤고, 혁명의 지식은 노동자들의 의식 속에서 다른 요소들과 섞이면서 그들의 지역에서 훨씬 더 많이 변화에 준비된 대열을 만들어냈다"고 주장했다 (Cole, 1980: 22~23). 그럼에도 불구하고 그의 관점에 따르면, 영국과 미국의 노동운동은 그들이 직면하고 있는 자본주의 사회의 힘을 감안할 때 직접적인 혁명적 행동을 통해 널리 퍼질 만큼 강하지 않았다. 따라서 1917년 10월 같은 예기치 못한 상황이 발생하지 않는 한, 러시아식 방법은 "영국이나 미국 상황에 적용될 수 없다"고 했다 (Cole, 1980: 188).

콜은 자신의 계획이 혁명적이었음을 인정했지만 볼셰비키혁명에서의 의미는 아니었다. 1920년 레닌(Lenin, 1966: 233)이 길드 사회주의를 '현학적인 쓰레기'라고 비난하자, 콜은 영국의 상황과 정치문화에 적절한 볼셰비즘의 대안으로서 『다시 쓰는 길드 사회주의』를 출판했다. 그는 '잠식' 또는 '잠식하는 통제'를 주창했다 (Cole, 1980: 196). 산업계의 조직화된 노동계급이 원동력이 될 것이며, 그는 혁명적 과정의 첫 단계가 점진적이라 할지라도 이미 시작되었다고 낙관적으로 생각했다. 영국의 노동자들은 그들의 노동조합을 자본주의 착취에 대응하고 이를 제한하는 소극적인 조직에서 더 큰 목표를 위해 운동하는 적극적인 조직으로 바꾸고 있었다 (Cole, 1980: 20-25). 그 다음 단계는 작업장에서의 역할들을 넘겨받는 점진적인 과정이 될 것이다. 자본주의적 계급의 대표자들이 수행하는 기능이나 목적은 느리지만 확실하게 노동계급의 기능이나 목적으로 넘어갈 것이다. 이를 위한 권리와 책임의 이전과 더불어 경제력도 노동자와 소비자에게로 옮겨가게 될 것이다 (Cole, 1980: 32-33, 196-198).

콜은 자유, 공동체, 평등이라는 교의를 염두에 두고 『다시 쓰는 길드 사회주의』를 썼다. '자유를 위한 요구(The Demand for Freedom)'라는 제목의 첫 장에서도 민주주의 심화라는

목표를 강조했다. 그는 이 목표를 이루기 위해 "우리는 그
들이 의존하는 부와 경제력의 거대한 불평등을 해소함으로
써 계급 구별을 폐지해야 한다"고 주장했다 (Cole, 1980: 16).
그의 청사진은 광범위한 자주관리체제를 위한 것이었다. 그
는 "그 활동들의 전 기간과 범위에 걸쳐, 이처럼 완전한 의
미의 자주관리 공동체만이 구성원들에게 가장 좋은 것이 무
엇인지 외치거나, 진정한 자유에 필요한 개인적, 사회적 자
기표현을 하게 하는 최대한의 기회를 주기를 바랄 수 있다"
고 주장했다 (Cole, 1980: 13).

  콜의 광범위한 제도적 계획은 네 가지 주요 조직 형태로
이루어져 있으며, 각 조직에는 분과가 있다. 산업 또는 경제
길드는 노동조합회의(Trades Union Congress)의 뒤를 잇
는 산업길드회의(Industrial Guilds Congress)와 각 지방
및 지역 내에 이와 대응하는 기구들에도 대표들을 세우게
된다 (Cole, 1980: 69). 소비자는 자주관리의 기회를 제공
하는 협동조합운동의 조직들과 구, 마을, 도시, 지역을 포함
한 여러 수준에서 지역 당국의 경제적 기능을 차지하게 될
단체, 즉 콜이 '집단공익위원회(Collective Utility Council)'
라고 부른 단체의 대표가 된다. 각급에서 생산자와 소비자
사이의 협의가 있을 것이다 (Cole, 1980: 89-93). 콜이 '시
민 서비스'라고 불렀던 분야를 살펴보면, 보건과 교육과 같
은 각각의 서비스에 해당하는 길드가 존재한다. 예를 들어,

교육체계에서 "교사는 경제 노동자가 그들의 길드 내에서 갖는 것과 완전히 동등한 자주관리의 자격을 갖게 될 것이다"(Cole, 1980: 101). 시민 서비스 길드는 노동자 및 소비자 길드와 마찬가지로 전국 단위와 "초등학교에서 대학교까지 모든 단계의 교육을 책임지는 기관"을 보유할 것이다 (Cole, 1980: 103). "시민의 관점을 표현하기 위해 모든 시민들에 의해 선출된" 문화위원회 및 지역보건위원회가 시민 서비스 길드와 나란히 그리고 이와 "가깝고 끊임없는 관계에 참여할" 것이다 (Cole, 1980: 108).

이 단체들은 다함께 지자체 조직과 사회정신에 기여할 것이다. 국가의 역할은 기능적 조직의 활동을 조정하는 것으로 축소된다. 조직들이 지자체나 코뮌, 도시나 지역의 구에서 선출된 대표들을 통해 활동과 관계를 조정하는 데에 익숙해지면서, 결국에는 이 역할조차도 사라질 것이다. 구 대표들은 코뮌 자체의 의사결정에 직접적으로 기여할 것이다 (Cole, 1980: 117-138). 따라서 노동조합의 노동자들은 새로운 민주주의체제의 개발을 주도하지만 지배하지는 않게 된다.

우리가 이미 관찰한 바와 같이, 1929년까지 콜은 사회민주주의적인 관점에서 생각하기 시작했다. 길드 사회주의가 비현실적이라는 것을 인정하면서도, 그는 절대로 이 결사체주의 계획을 완전히 포기하지는 않았다. 실제로 제2차 세계대전 동안 그는 미래의 평화가 적절한 환경을 가져온다면 길드 사회주의의 기능적 민주주의가 구현될 수 있다고 말했다 (Cole, 1943: 30-33). 그러나 그는 단기적으로는 1950년대 크로슬란드가 그랬던 것처럼 사회주의자들이 훨씬 덜 거창한 목표를 가져야 한다고 생각했다.

크로슬란드의 사회민주주의

『사회주의의 미래(*The Future of Socialism*)』에서 크로슬란드(Crosland, 1956: 30, 462-482)는 사회 통제를 위한 국유화는 불필요한데, 이는 경제의 현대화와 규제가 그러한 목적에 부합할 수 있기 때문이라고 주장했다. 산업의 비효율성이 줄어들 수 있는 곳에만 국유화가 적용돼야 한다. 국유화와 민영화가 결합된 새로운 혼합경제는 성장을 일으킬 수 있고, 그 이익도 공평하게 분배될 수 있다. 그는 자본주의의 옛 형태가 사회복지와 완전고용을 제공하는 간섭주의 국가에 자리를 내주면서 이런 일이 이미 일어나기 시작했다고 관찰했다. 이제 선거에서 승리하기 위해서는 모든 정당들이 대중의 태도에 민감해야 했다 (Crosland, 1956: 26-29).

이 과정을 계속하기 위해서는 부의 공평한 분배를 늘려야 하는데, 크로슬란드에게 있어 더 중요한 것은 더 넓은 사회적 평등을 가져오고, 계급 구분을 극복해야 한다는 것이었다. 계급은 특히 영국에서 사회의 특징으로서 고착되었다. 한편에는 생산수단의 소유자, 또 한편으로는 임금을 받고 고용된 노동자로 구분된 마르크스주의자들의 계급 개념과는 달리, 크로슬란드(Crosland, 1956: 169-189)는 계급을 일부 사람들로 하여금 더 큰 권력을 갖게 하고 다른 사람들보다 우월하다고 간주하게 만드는 더 넓은 현상으로 보았다.

크로슬란드(Crosland, 1956: 188)에 따르면 계급은 사회적 불평등에 기여하는 객관적 측면과 주관적 측면을 모두 가지고 있었다. 주관적인 측면은 계급적 지위에 대해 사람들이 가지고 있는 개인적이고 집단적인 감정이다. 이것은 반목과 분노를 초래할 수 있다. 객관적인 측면은 소득, 권력, 생활양식 등의 요소에 의해 결정되는 민중집단들 간의 큰 격차였다. 이러한 격차는 각각 소집단들이 서로 자유로운 교류를 피하면서 더욱 두드러지는 경향이 있었다. 크로슬란드(Crosland, 1956: 190-217)는 불평등을 줄이는 것이 반목과 분노를 피하는 것과 더 큰 사회 정의를 가져오는 일에 도움이 되리라고 주장했다. 후자는 사람들이 잠재력을 실현하고 번영할 수 있는 기회를 줄 것이고, 중요한 기능을 수행하고 국가 번영에 기여한 데에 대해 보상을 받게 할 것이며, 권력의 더 균등한 분배를 경험하고, 위험, 책임 및 부담을 수반하는 일에 대해 적절한 보상을 받게끔 할 것이다. 그것은 또한 아이들이 더 이상 계급에 따라 교육에서 차별

받지 않기 때문에 사회적 낭비를 줄일 것이다. 성인들은 그후 연고주의, 편애주의, 상속재산보다는 공로를 바탕으로 사회에서 지위를 얻게 된다.

크로슬란드에게 있어서 "만일 어떠한 이상적인 사회, 즉 그 청사진도 그릴 수 있고 어떤 구체적인 계혁이 일어나면 바로 찾아올 그러한 사회가 존재한다고 말하는 천박한 오류에 동의하지 않는 한," 사회에 평등이 얼마나 많이 존재해야 하는지는 알 수 없는 일이며 그래야만 하는 것이다 (Crosland, 1956: 216). 그럼에도 사회주의의 미래가 어떤 모습이어야 하는지에 대한 그의 견해 자체가 더 나은 사회가 이뤄져야 할 요건의 초기 계획이라는 점에서 이를 청사진이라 볼 수 있다. 그는 "우리는, 영국에, 대중 풍요의 문턱에 서 있다"라고 예측했다 (Crosland, 1956: 515). 이것은 아이들을 분리하던 기존의 제도를 대체하여 종합적 교육이 가능하게 할 것이고, 따라서 계급체제의 종말에 기여할 것이다. 종합학교의 원칙은 전파되어야 하고, 현대 중등교육의 수준을 높이는 데 재원이 투입되어 기존 체제에서의 학교 간 일류 구분이 약해져야 한다 (Crosland, 1956: 518).

풍요는 '긴축의 공정한 몫'이라는 측면에서 평등에 초점을 맞추는 대신, 소비재의 풍부한 확산이 목적이 되어야 함을 의미할 것이다. 그 동기는 개인적 이익의 동기를 함양하기 위한 것이 아니라 "너무 오랫동안 소수 특권층의 특혜였던 물질적 편익과 안락함을 마침내 노동계급이 공유하게 하는 것"이어야 한다 (Crosland, 1956: 518). 이러한 확산에 자금을 제공하기 위해, 사망세나 큰 토지에 대한 지방세와 같은 다양한 세금의 형태로 부유층의 출연금이 기금을 대는 공동체 소유 자산이 증가할 것이다. 또한 양도소득세와 "부유층의 세금 회피에 대한 강력한 조치"도 있을 것이다 (Crosland, 1956: 519). 반면에 지나치게 큰 소득세 증가는 피해야 한다.

더 많은 사회적 지출은 평등에 기여할 것이다. 따라서 가난한 가정은 교육, 보건, 주거와 같은 분야에서 이익을 얻을 것이다. 이러한 혜택은 현재 부유한 사람들이 사적구매를 통해 누리고 있는 것과 비슷한 기준일 것이다. 모든 시민은 또한 여가, 예술, 문화, 그리고 "완전한 사생활의 다양한 구조에 기여하는" 다른 것들을 즐길 수 있는 자유를 가져야 한다 (Crosland, 1956: 520).

산업계에서 노동조합은 훨씬 더 큰 책임을 갖게 될 것이다. 노동조합의 이해관계는 "산업에 영향을 미치는 모든 주요 경제문제"로 확장되어야 한다 (Crosland, 1956: 519). 이는 노동자의 참여와 산업민주주의를 크게 향상시켜 상당한 산업 권력을 이전한다는 것을 의미한다.

사회적 평등을 가져오기 위해 필요한 다른 조치로는 성별과 성정체성에 근거한 차별에 대한 무관용과 낙태, 이혼,

검열에 대한 규제 축소가 포함될 것이다. 따라서 사람들은 자유를 느끼게 될 것이다. 이처럼 자유와 평등은 각각 새로운 질서의 특징이 될 것이다 (Crosland, 1956: 521-524).

크로슬란드의 청사진이 성공적으로 발전되고 실행되었다면, 그것은 실로 중요하고 근본적인 사회 변혁을 가져왔을 것이다. 1950년대와 1960년대 영국의 낙관주의에는 이유가 있었다. 그러나 1970년대 자본주의의 혜택을 가장 많이 받은 사람들은 하이에크나 자유지상주의자인 노직(Robert Nozick)과 같은 사상가들의 생각에 더 큰 관심을 보이기 시작했다. 영국과 미국의 대처와 레이건(Ronald Reagan) 정부는 국가가 기득권에 도전하는 한, 이를 후퇴시키기로 결심했다. 이는 다른 나라들의 본보기가 되었고 불평등이 확대되었다. 사회민주당과 노동당의 대응은 소심해졌다. 21세기에는 심지어 자본주의의 안정성에 대한 크로슬란드의 예측조차 부정확한 것으로 판명되었고, 긴축 정책이 시행되면서 노동계급은 2008년 금융위기의 여파를 가장 강하게 느꼈다. 크로슬란드의 청사진은 터무니없이 낙관적으로 보이기 시작했다. 한편, 매우 다른 사회주의 계획들이 세계의 다른 지역들에서 시도되고 있었다.

음보야의 아프리카 사회주의

아프리카 사회주의의 지도자들과 이론가들에 따르면, 아프리카 사회주의는 대륙의 전통적인 사회를 기반으로 건설되었다. 2장에서 우리는 탄자니아 니에레레의 구상을 간략히 살펴보았는데, 이는 결국 경제적으로 형편없는 것으로 판명되었다. 여기서 우리는 또 다른 아주 흥미로운 아프리카 사회주의 이론가, 케냐의 음보야(Tom Mboya)의 저작을 살펴볼 것이다.

대표적인 노동조합원으로서 음보야는 영국으로부터의 케냐 독립 투쟁에 적극적이었다. 그는 1950년대 후반 입법부에 의석을 얻었고, 1960년 케냐 아프리카민족 동맹(KANU: Kenya African National Union)의 설립을 도왔으며, 3년 후 독립을 타결한 연립정부의 장관이 되었고, 이에 그는 경제계획발전부 장관이 되었다 (Goldsworthy, 1982).

음보야는 독립의 해인 1963년, '아프리카 사회주의(African Socialism)'이라는 글에서 자기 대륙의 사회주의는 독특하다고 주장했다. 범아프리카적 관점에서 그는 가나에 아프리카 사회주의를 세우려는 은크루마(Kwame Nkrumah)의 목표를 지지한다고 선언했다. 운동으로서의 범아프리카주의는 그에게 공동운명 의식을 가진 형제애를 키워주는 식민주의 경험에 바탕을 둔 것이었다. 그는 "우리는 경제관계 분야에서도 아프리카의 정신적 구조에 전통적으로 존재하는 사회주의적 사상과 태도에 의해 비슷하게 인도될 수 있다"는 강한 믿음을 표현했다 (Mboya, 1963: 17). 그는 스스로 마르크스주의자라고 생각했던 사람들이 혼자 힘으로 생각하기 시작해야 한다고 제안했다. 스스로 아프리카 사회주의자라고 선언한 많은 사람들조차도 그들의 생각이 아프리카 형제애을 해치는 행동과 외국식 사고과정에 깊이 빠져있음을 인식해야 한다. 아프리카 사회주의자들은 신식민주의라는 지적인 제국주의에 맞서 싸워야 하며, 경제적 독립을 쟁취해야 한다 (Mboya, 1963: 18).

그는 이것이 아프리카 사회주의가 다른 형태의 사회주의와 근본적으로 다르다는 것을 의미하지는 않는다고 강조했다. 사회주의 교의는 보편적이었다. 요점은 그 교의가 세계 여러 지역의 사회주의자들에 의해 다른 방식으로 공식화되었다는 것이다. 서구 사회주의자들은 인간을 사회적 동물로 여겼는데, 이는 "한 사회의 모든 구성원은 그 자신이 있는 사회에 대한 일정한 의무가 있고, 반대로 모든 사회는 구성원들에 대한 특정한 책임이 있다"는 의미이다 (Mboya, 1963: 18). 서구 사회주의자들은 사회를 유기적으로 인식했고, 따라서 그 구성원들은 상호의존적이다. 그러므로 한 무리의 인간들이 번영하기 위해 사회의 다른 사람들을 희생시키면서 토지, 자본, 기술과 다른 것들을 통제하는 것은 부자연스러웠다. 사회는 평등한 희생, 평등한 기회, 개인의 자유를 중심으로 조직되어야 하며, 국가는 경제 생활을 규제하고 생산과 분배의 필수적인 수단을 통제해야 한다 (Mboya, 1963: 18-19). 평등과 자유에 대한 이러한 강조는 아프리카의 규범과 가치를 존중하는 공동체적 관점과 함께 진행되었다. 음보야(Mboya, 1963: 18)가 본 아프리카 사회주의는 보편적 자선 등 사회적 지위에 상관없이 모든 아프리카인의 존엄과 안보를 지키는 전통적 행동강령과 사람을 수단이 아닌 목표로 여기는 사고과정을 채택했다.

음보야는 서구 사회주의의 여러 측면에 동조했지만 사회민주주의자는 아니었다. 그는 케냐의 KANU 일당제 국가에서 중요한 역할을 했다. 그럼에도 불구하고 1965년 KANU 회의에서 강조했듯이, 그는 공산주의 이념을 거부했다. 그는 "그들의 노래를 끝내기 위해 이국의 교리를 도입할 은폐물로써 아프리카 사회주의라는 구절을 사용하며 돌아다니는 사람들을 위한 때가 왔다"고 선언했다 (Mboya, 1965: 14). 공산주의는 식민주의의 또 다른 형태였다. 따라서 케냐의 아프리카 사회주의는 국제관계에서 비동맹의 길을 가야 했다.

음보야가 이런 입장을 보인 데는 실질적인 이유가 있었다. 그는 서구의 식민주의를 거부하면서도, 케냐가 식민지배가 다른 방식으로 재개되지 않도록 항상 경계하면서 서구 국가들과 새로운 관계를 발전시키고 그들과 계속 무역을 해야 한다고 조언했다 (Mboya, 1965: 13). 그는 아프리카의 사고방식이 서구 사회주의 전통의 사고방식과 매우 흡사하다고 주장하면서, "아프리카의 '우리는 모두 이 땅의 아들(그리고 딸)'이라는 믿음이 우리의 사회적, 경제적, 정치적 관계에 엄청난 영향을 끼쳤다"고 주장했다. 이러한 공통적인 땅과의 관계에서 "평등의 논리와 실천"과 "필수적인 생명수단의 공동소유 관례에 대한 믿음"이 생겨났다 (Mboya, 1963: 18). 이것은 서구 사회를 괴롭혔던 욕심을 누그러뜨린다. 게으름은 용납되지 않았고, 근면함이 장려되었다. 빈곤은 존재했지만 사회경제적, 문화적 격차는 적었다. 서구 사회와 달리 아프리카에서는 부가 반드시 권력을 수반하지는 않았다. 모든 것을 고려했을 때, 아프리카는 사회주의에 자연스럽게 도움이 되는 인간 환경을 가지고 있었다.

음보야는 아프리카 사회주의 사상이 대체로 농업에 종사하는 주민들과 경제를 가진 새로운 독립 케냐의 변화와 발전을 이끌어야 한다고 주장했다. 그는 이에 따라 농업과 관련된 생산을 확대하고 현대화하는 것이 우선이라는 청사진을 제시했다. 이를 위해서는 "관개, 홍수 통제, 토지 매립, 농기계 및 장비 공급, 연구, 의사소통 개선에" 더 나은 농업 방식과 투자가 필요했다 (Mboya, 1963: 18). 농업 연구와 훈련은 케냐가 유럽의 지배로부터 빠르게 벗어날 수 있도록

하면서 발전과 성공을 위해 필수적일 것이다. 그로써 예상되는 결과는 농촌 경제가 발전함에 따라 사람들을 위한 더 많은 고용과 식량을 포함할 것이다. 이 전략은 또한 수출을 위한 잉여를 생산하여 산업화를 포함한 케냐 경제 다양화에 필요한 원료를 수입할 수 있는 외환을 창출할 수 있게 할 것이다.

음보야는 효율적인 농사를 위한 최고의 수단으로 농업협동조합을 주창했다. 무역과 산업에 있어 소유, 지휘, 경영에 대한 사람들의 직접적인 참여가 있을 것인데, 그는 이에 대해서는 자세히 설명하지 않았다. 정부는 지역 기업인을 양성하고 개발은행을 설립하며 민간투자를 활성화하기 위한 융자를 제공하고 국민들이 안보와 고용을 누릴 수 있도록 사회적 법제화를 추진할 것이다. 정부는 또한 병원, 교육, 교통 기반시설 및 보건 분야 교육에도 투자한다 (Mboya, 1963: 19).

음보야의 청사진은 전 세계 여러 유형의 사회주의자들의 다양한 조합에서 사용되었던 방법들을 채택한 것으로, 특별하지 않게 보일 수 있다. 중요한 것은 그러한 계획을 뒷받침한 아프리카 사회주의 정신이다. 음보야에 따르면 지식인, 사업가, 노동조합에는 각각 중요한 역할이 있다. 지식인은 자신의 분야가 무엇이든 아프리카 사회주의 전통의 실마리를 잡고 정치에 적극 나서야 한다. 기업인은 상황에 맞는 기업윤리를 발전시켜 산업민주주의와 경제계획 수립에 기여해야 한다. 한편 노동조합은 조합원 보호를 위한 결사의 자유를 누릴 뿐 아니라, 지도자와 조합원만이 아닌 모든 사회의 이익을 위해 힘을 써야 자본 형성의 과정이 빨라지고 산업발전의 토대가 마련된다 (Mboya, 1963: 19).

조국을 통일하고 현대화하려던 음보야의 노력에도 불구하고 깊고 폭력적인 부족 간의 적대관계로 인해 케냐는 여전히 분열되어 있고, 케냐 좌파 스스로도 갈라져있다. 게다가 혼합 경제를 주창했던 그는 케냐의 급진적 사회주의자들 사이에서 그의 인기가 시들해지는 것을 지켜보았다. 그는 많은 적을 만들었고 1969년에 암살당했다. 케냐는 냉전에서 서방 편에 섰다. 부족의 분열은 치유되지 않았고 아프리카 사회주의에 대한 케냐의 열망은 사라졌다.

마오쩌둥의 중국을 위한 사회주의

이전 장에서 언급한 것과 같이, 20세기 중국의 혁명적 변화를 위해 마오쩌둥은 매우 다른 사회주의 계획을 개발하였다. 1949년 혁명으로 공산당이 집권하기 전에 수년에 걸쳐 개발된 마오의 계획은 이론이 엘리트들에 의해 좌우되거나 일상생활에서 분리되어서는 안 된다고 강조했다. 교육과 더 넓은 지식에 기반한 이론적인 가르침은 마르크스주의와 레닌주의이론과 중국의 특별한 상황을 동시에 생각하며 대중의 존재와 일상적 경험과 통합될 것이다 (Deutscher, 1977: 192-197).

1938년 '전쟁과 전략의 문제(Problems of War and Strategy)'라는 연설에서 마오는 중국이 민주적이지도 독립적이지도 않고 오히려 반(半)식민지적이고 반(半)봉건적이라고 강조했다. 봉건적 억압과 제국주의의 예속 아래, 특히 점령된 일본인에 의해, 중국에는 의회도 없었고 노동자들의 파업을 조직할 법적 권리도 없었다. 그러므로 처음에는 시골에서 그리고 후에는 대도시에서 반란, 무장, 전쟁을 일으키기 전에 오랜 기간 동안 법적 투쟁을 하는 것은 아무 이득이 없을 것이다 (Mao, 1965d: 219-223).

마르크스와 레닌의 영향력은 마오의 1940년 '신민주주의에 대하여(On New Democracy)'에서 뚜렷하게 나타나는데, 이는 중국은 역사, 지리, 인구통계, 국제적 잠재력에 근거하여 방침을 정해야한다는 20년 넘게 발전해 온 믿음이다. 중국 자본주의는 발달된 단계가 아니었기 때문에, 농민들은 공산주의 투쟁에 결정적인 역할을 할 것이다. 마오(Mao, 1965b: 339-340)는 이것을 사실들(facts)로부터 진실(truth)을 찾는 관점에서 "진실의 유일한 척도는 수백만 명의 혁명적인 실천이다"라고 표현했다. 마오는 그의 공산당이 중화민족을 위한 새로운 사회와 국가를 건설하기 위해 수년간 고군

분투해왔다고 선언했다. 이것은 정치, 경제, 문화혁명을 필요로 했다.

마오(Mao, 1965b: 340)가 그의 청사진을 요약한 성명에서 주장했듯이, 그와 그의 혁명가들은 "정치적으로 억압받고 경제적으로 착취된 중국을 정치적으로 자유롭고 경제적으로 번영하는 중국으로 바꾸길 원했을 뿐만 아니라, 우리는 또한 옛 문화의 그늘아래 무지하고 후진적인 중국을 새로운 문화의 영향 아래에 있는 계몽되고 진보적인 중국으로 변화시키고자 했다." 그는 이러한 문화는 중국 사회의 정치와 경제, 특히 중국 공산주의자들에 의해 도입될 새로운 정치와 경제를 반영해야 한다고 덧붙였다 (Mao, 1965b: 340-341).

이전 장에서 간단히 논의했듯이, 마오는 자신이 이끄는 혁명은 두 가지 주요 단계로 구성된다고 생각했다. 그는 공산주의자들이 이미 첫 번째 민주적 단계로 올라섰다고 주장했다 (Mao, 1965b: 341-344). 1911년 쑨원(孫逸仙)의 중국혁명이 들여 온 서구 부르주아 형태의 민주주의는 그렇게 시작되었지만, 신민주주의로의 전환을 완료하지는 못했다. 그럼에도 불구하고 후자는 1917년 10월 러시아에서 시작된 프롤레타리아-사회주의 세계 혁명의 일부가 되었다. 자본주의 열강의 식민지와 반식민지에서도 마찬가지로 신민주주의 혁명은 자본주의의 발전을 통해 사회주의를 향해 나아가려는 프롤레타리아에 의해 주도될 것이다. 이러한 과정의 일환으로 마오(Mao, 1965b: 347)는 "중국의 프롤레타리아, 소작농, 지식인 및 기타 쁘띠 부르주아 집단들이 중국 공산당의 지도 아래 강력한 독립적인 정치 세력이 되었다"고 말했다.

혁명의 첫 단계는 "중국의 프롤레타리아가 이끄는 모든 혁명계급의 공동 독재 아래 신민주주의 사회를 건설하는 것"이었다 (Mao, 1965b: 347). 마오(Mao, 1965b: 348-349)는 여기에서 해외와 자국 내에서의 지배에 반대하는 국가 부르주아계급은 제국주의와 지역 군벌들을 극복하는 역할을 할 수 있지만, 편을 바꿀 수도 있다고 경고했다. 혁명의 두 번째 단계는 중국에 사회주의적 사회를 설립하고 세계 혁명의 중요한 부분을 구성하는 것이었다 (Mao, 1965b: 347).

신민주주의의 정치에는 두 개의 관련 체제가 수반될 것이다. 첫째, "전국인민대표대회부터 도, 군, 구, 읍 인민대회까지 각급에서 각자의 대표 정부기관을 선출하는 인민대표대회체제"가 마련된다. 둘째, 각 혁명계급의 적절한 대표성과 국민의 의지표현을 위해서는 "성별, 종교적 신념, 재산, 교육에 관계없이 정말로 보편적이고 평등한 참정권제도가 도입되어야 한다"는 것이다. 마오(Mao, 1965b: 352)는 1917년 10월혁명이 일어나기 전 러시아사회민주노동자당(RSDWP: Russian Social Democratic Workers' Party) 에 의해 만들어진 개념인 '민주적 중앙집권주의(democratic centralism)'라는 두 체제의 결합을 자세히 설명 없이 언급했다.

러시아혁명에서 민주적 중앙집권주의는 RSDWP 내의 조직 결속과 서구형 민주적 절차를 의미했다. 혁명 초기의 심각한 경제 상황은 볼셰비키에 대한 내부 및 국제적 반대와 함께 조직적 측면은 강화되었고, 공천과 엄격한 검열이 선거와 언론의 자유를 대체하면서 선거와 책임의 민주적 측면은 약화되었다. 엄격한 당 규율과 하급 기관과 당원에 대한 상급 기관의 결정이 가진 구속력이 우세했다. 민주적 중앙집권주의에 대한 권위주의적 개념은 공산주의 정당들과 국가들의 중심 특징이 되었다 (Waller, 1981: 4-8, 12). 그럼에도 불구하고 이는 다양한 방식으로 해석되었다. 마르크스주의와 레닌주의를 실제 상황과 결합시키려 했던 중국 공산주의자들은 집단 소작농들의 견해를 무시할 수 없다고 주장했다. 정당은 대중의 견해를 요약하고 체계화한 다음 그 결과를 대중들에게 전달해 줄 것이다. 이 접근법은 대중노선이라고 알려지게 되었다 (Waller, 1981: 91-95).

마오(Mao, 1965b: 378)는 "프롤레타리아 리더십 때문에", 사회주의 혁명은 현재의 신민주주의 혁명 이후에야 달성될 수 있었지만 "신민주주의의 정치, 경제, 문화는 모두 사회주의적 요소를 포함하고 있다"고 거듭 강조했다. 이 결정적인 요소는 새로운 문화를 건설할 수 있게 한다. 마오(Mao, 1965b: 378)는 마르크스-레닌주의가 "지도자 역할"을 할 것이며, "우리는 노동계급 전체에 사회주의와 공산주의를 보급하고 소작농들과 인민의 다른 집단들을 제대로 그리고 차근차근 교육하는 데 힘써야 한다"고 이어갔다.

경제에 대해 마오는 자본주의적 사유재산은 일반적으로 몰수되지 않을 것이지만, 국가가 큰 은행들과 철도, 항공을 포함한 주요 산업 및 상업적 기업을 소유, 운영, 관리할 것이라고 말했다. 따라서 자본이 민생을 지배하는 것을 막기 위해 규제될 것이다. 마르크스주의의 영향력은 마오가 지주들로부터 농민들에게 분배하기 위한 토지몰수를 지지한 시점에서 매우 명확해진다. 마오는 이것이 봉건제도의 종말은 될 수 있겠지만 아직 사회주의는 아니라고 시사했다. 이는 농민에 의한 사적 소유 형태의 '토지의 평등화'를 의미할 것이다. 제국주의적 착취와 대일 방어전쟁의 역사를 가졌으며 대체로 낙후된 농업위주의 중국에서 봉건주의는 이처럼 사회주의가 도입되기 전에 이 새로운 단계를 따를 필요가 있을 것이다. 이는 특히 중국에 적합한 역사적 유물론의 한 형태로 볼 수 있다. 마오(Mao, 1965b: 353)는 "일반적으로 사회주의적 농업은 현 단계에서 확립되지 않을 것이지만 '경자유전(耕者有田, 농사를 짓는 사람만 농지를 소유할 수 있음을 의미 – 역자 주)'의 토대 위에 발전한 다양한 형태의 협동조합식 기업들은 사회주의적 요소를 포함할 것이다"라고 주장했다. 뿐만 아니라 국제 자본주의의 반대에 부딪힌 중국은 사회주의로 나아가는 과정에서 자본주의 국가들의 프롤레타리아와 소련의 도움이 필요할 것이다.

마오는 쑨원의 후계자 장제스(蔣介石)가 이끌던, 자본주의 지향적인 독재를 추구하는 국민당(Kuomintang)과 일본 양쪽에 대해 공산주의자들이 승리를 거두도록 이끌었다. 비록 공산주의자들이 1949년에 권력을 잡았지만, 마오는 중국이 여전히 사회주의적이라기보다는 신민주주의적 혁명 단계에 있다고 여겼다. 1950년 '진정한 혁명가가 되어라(Be a True Revolutionary)'는 연설에서 그는 이 나라가 여전히 신민주주의적 개혁을 겪고 있다고 선언했다. 그는 이어 "앞으로 우리 경제와 문화가 융성하며 상황이 무르익고 그 전환이 온 국민의 충분한 고려와 지지를 받을 때, 서두르지 않고 적절한 방식으로 사회주의의 새로운 시대로 진입할 것"이라고 말했다 (Mao, 1965e: 39).

전환의 시도는 참혹했다. 1950년대 후반과 1960년대 초반의 대약진은 급속한 집산주의적 산업화를 우선시했고 필수적인 농업 발전을 무시했다. 수천만 명이 사망했다 (Bernstein, 2006). 마오가 풀뿌리민중으로부터 중앙 당국으로의 지속적인 저항을 부추겼기에 1960년대와 1970년대의 문화대혁명은 또 다른 백만 명의 죽음, 대중 탄압과 혼란을 수반했다 (Walder and Yang Su, 2003). 1976년 마오의 사망 이후, 중국공산당은 마르크스 사회주의에 대한 권위주의적 해석을 유지하고 발전시키기 위해 전제정치를 헌법적 절차로 대체하기 시작했다 (Peng, 2012). 이 계획은 오늘날에도 계속되고 있지만, 민주적 중앙집권주의에 대한 다소 다른 해석에 바탕을 둔 유고슬라비아의 사회주의적 자주관리를 이와 같다고 말할 수는 없다.

카르델리와 유고슬라비아의 사회주의적 자주관리

마오쩌둥의 대중노선이론은 민주적 중앙집권주의를 풀뿌리민중의 참여와 중앙의 지휘를 결합하는 방식으로 해석했다. 유고슬라비아 공산주의자들은 참여에 있어 훨씬 더 형식적이고 구조화된 민주적 중앙집권주의의 틀을 고안했고, 1948년 스탈린 공산권으로부터 추방되었다. 유고슬라비아의 지도자 티토는 4년 후 유고슬라비아 공산당의 이름을 유고슬라비아 공산당동맹(League of Communists of Yugoslavia)으로 바꾸었다. 동맹은 정부와 행정에 대한 직접적인 관여를 철회하고 대신 자주관리기구제에 대한 지침을 제공하겠다고 약속했다. 이후 20년 동안 동맹은 유고슬라비아의 구성 공화국들에 더 많은 자율성을 주었지만, 그럼에도 불구하고 1970년대에도 정치, 사회, 경제, 안보 구조 전반에 걸쳐 타의 추종을 불허하는 권력을 유지하였다. 동맹은 민주적 중앙집권주의를 중앙집권적 계획과 결합된 행정의 분권화로 해석하기 시작했다. 자주관리 조직들이 행정 업무를 수행하는 반면 중앙의 역할은 경제 분야에서 특히 강력할 것이다 (Waller, 1981: 102-106).

유고슬라비아는 제2차 세계대전 독일과 다른 추축국들에 대항하여 부상했는데, 구성 공화국의 연합 공산당원들이 장악하고 있었다. 이 신생 공산국가의 경제는 농업이 중심이었고 저개발되어 있었다. 1950년대에 슬로베니아 빨치산주의자였던 카르델리(Edvard Kardelj)는 공산주의 동맹과 정부 양쪽의 고위인사로 자주관리의 선도적인 이론가였다. 그는 1956년 '유고슬라비아의 발전(Evolution in Jugoslavia)'이라는 글에서 "우리는 모든 국가들은커녕 유고슬라비아 발전의 제 단계에서도 유효한 보편적인 정치적 청사진이 있다는 것을 믿지 않는다"고 말했다 (Kardelj, 1956: 582).

카르델리는 이 글에서 유고슬라비아 경제는 전후 후진적인 상황으로부터 시작되었기 때문에 사회주의 노선에서만 점진적으로 발전할 수 있고, 서로 다른 사회 및 정치체제를 가진 나라들과 평화적으로 협력할 수 있을 것이라고 주장했다. 게다가 전쟁 후 혁명 초기에는 높은 수준의 중앙집권화와 권력 집중이 필요했었다. 그러나 이는 관료주의와 타성을 낳기 시작했고 동기를 불러일으키는 데 실패했으며 창조적인 노력과 진취성을 억눌렀다. 카르델리는 초기 탈혁명기 동안 진행해 온 유고슬라비아의 경제적, 정치적 발전의 각 단계에 맞는 청사진의 필요성을 보았다. 불필요하게 지나친 중앙집권화를 만드는 행정 내부 통제체제의 개발은 이미 이전 몇 년 동안에 다시 시작되었다. 그가 글에서 '자주관리(self-menagement)'라는 용어를 쓰지는 않았지만, 그 안에서 그가 옹호했던 조치들은 그러한 용어로 알려지게 될 것이다. 그는 "이러한 통제는 다양한 기업들 내의 노동자 집단, 개별 노동자들, 그리고 기초 사회 공동체들 즉 지방자치단체와 구역의 경제적, 사회적 이익에 기초 한다"고 설명하였다 (Kardelj, 1956: 483-484). 이 제도가 생산을 향상시키려면 노동자 개개인과 그들이 일했던 집단, 그리고 그들의 지역이 결과에 대한 이해관계가 필요하고 물질적, 도덕적 인센티브가 모두 필요하다. 이는 이미 "경제적 인센티브와 기능적 기반에 따른 기업의 자유로운 협력 및 결사"로 중앙집권화된 거대한 행정기구를 대체하는 결과를 낳았다 (Kardelj, 1956: 484). 이것은 시장사회주의에 가까운 자주관리였다. 개별 대기업들은 국부의 일부에 대한 경영권을 부여받았고, 그들의 직원들은 생산, 고용, 마케팅 결정을 내

렸다. 중앙 경제 계획의 역할은 단순히 법적 틀을 통해, 목
표를 설정하고, 정책의 핵심을 정하고, 생산과 소득의 일반
적인 분배의 윤곽을 그리는 것이었다.

카르델리에 따르면 새로운 경제체제에서 발달한 민주적
인 형태의 정부와 통합으로 정치체제에도 상당한 분권이 있
을 것이라고 한다. 이 구조의 기본 단위는 노동자협의회가
될 것이다. 각 기업의 노동자들에 의해 선출된 협의회는 결
과적으로 전체 국가 계획의 요건 안에서 운영되는, 분권화
된 조직의 경제적 기능이 사회의 일반적인 이익에 따라 작
동하도록 할 것이다. 코뮌(지방자치단체 및 구)의 자치위원
회와 유고슬라비아 연방 의회 및 구성 공화국 의회는 보다
일반적인 문제에 대해 결정을 내린다.

카르델리는 1979년에 사망했고, 이듬해 그의 저서인 『티토
와 유고슬라비아 사회주의 혁명(Tito and the Socialist Re-
volution of Yugoslavia)』이 출판되었다. 솔직히 이 책은 공
산주의적 문학 전통 아래 지도자에 대한 찬양 일색뿐인 전
기지만, 이 책에는 1967년의 동맹 중앙위원회 연설과 1972
년에 발표한 글 등 카르델리의 유고슬라비아 청사진의 기원
과 목적에 대한 명쾌한 진술들이 포함되어 있다.

카르델리의 1972년 글은 왜 자주관리 모델이 개발되었는
지에 대해 고찰했다. 1948년 스탈린이 지도부를 실각시키
고 정당은 물론 유고슬라비아 자체도 복속시킬 목적으로 유

고슬라비아 공산당에 대한 공격을 감행하자, 티토는 저항하기로 결정했고 소비에트-유고슬라비아 간 분열이 일어났다. 카르델리(Kardelj, 1980: 94)는 여기에서 가장 결정적인 교훈은 "진보적이고 혁명적인 중앙집권주의가 기술관료적 중앙집권주의와 관료주의적 자행으로 전락하는 일의 심각성 및 실제적 위험성에 대한 우리의 더 큰 이해"라고 선언했다. 이처럼 스탈린의 공격은 "노동자의 혁명적 관행 및 이론적 개념과 사회적인, 또는 당시 우리가 인민의 것이라 일컬었던 자주관리"라고 불렸던 길을 열었다. 카르델리(Kardelj, 1980: 97)는 이어서 티토가 승인했던, 사회주의 노동자들과 사회적 자주관리를 도입하고 시행하기로 한 결정은 "우리의 사회주의적 사회 발전에 대해, 특히 관료적 중앙집권주의의 전형적인 다양한 기형의 위험으로부터의 해방에 대해 결정적인 역할을 했다"고 말했다.

카르델리(Kardelj, 1980: 52)는 1967년 연설에서 티토가 다음과 같은 핵심을 강조했다고 말한다. 첫째, "자주관리는 노동자의 권리와 특권일 뿐만 아니라 그의 끊임없는 책임이다." 둘째, 기업, 기관 및 공공 서비스는 "그들의 개별 노동 집단뿐만 아니라 지역사회 전체"의 관심사였다. 셋째, 각 노동 집단은 "다른 노동 집단과 적극적으로 협력하고 일반적으로 협력, 분업 및 통합을 수행해야 한다." 넷째, "자주관리는 국가의 정치적이거나 경제적인 계획 기관 중 어느 것도 국가의 상황에 대한 책임으로부터 자유롭게 하지 않는다." 이러한 점들은 자주관리 청사진의 민주적 중앙집권주의 특성을 보여주는 데 도움이 된다.

유고슬라비아 판 민주적 중앙집권주의는 유고슬라비아 공화국들 간의 불평등을 상당히 줄였다 (Waller, 1981: 107). 그럼에도 불구하고 남은 불평등은 불만을 초래했고 모든 공화국들이 용납할 수 있는 수준의 국가 개입은 찾을 수 없었다 (Markovic, 2011: 125-126). 1960년대에 동맹이 경쟁 후보들을 허용하기 시작하자 중앙집권주의적인 측면은 약해졌고, 공화국들 간의 불평등이 확대되었으며, 일부 후보들은 민족주의적 정서를 표명하기 시작했다 (Waller, 1981: 107-108). 1980년 티토의 죽음 이후, 이러한 감정들은 더욱 고조되었다. 1990년대 초까지 유고슬라비아가 공화국들 간의 일련의 전쟁으로 인해 해체되면서 전체 연방 구조가 붕괴되었다 (Critchley, 1993). 자주관리는 이러한 붕괴의 희생자였다.

차베스의 볼리바르 사회주의

차베스(Hugo Chavez)가 이끈 베네수엘라 사회주의는 1982년 혁명적 볼리바르운동(MBR: Revolutionary Bolivarian Movement)의 형성에 이어 진화론적 청사진이라 설명될 수 있는 것을 가지고 있었다. 자유와 평등의 이상을 위해 스페인 제국주의에 맞서 남아메리카혁명을 주도한 볼리바르(Simon Bolivar)의 탄생 200주년을 맞아 운동당의 이름을 MBR-200 으로 바꾸면서(Gonzalez, 2014년: 33–39), 차베스는 점차 그의 사상들을 실행에 옮기기 위한 조직적, 제도적 틀을 구축해 나갔다. 1997년, 이듬해에 있을 선거를 준비하면서 이는 제5공화국운동(MVR: Movement of the Fifth Repub-lic Movement)이 되었고, 차베스는 베네수엘라 대통령으로 당선되었다. MVR은 정치정당으로 일하면서 2005년 총선 이후 그 연합세력들과 함께 의회를 장악하였다. 이는 결국 몇몇 연립정부 파트너들과 합병되었고, 2007년에 베네수엘라 연합사회당(United Socialist Party of Venezuela)이 창당되었다. 차베스는 정치 사상가는 아니었지만, 볼리바르의 사상을 바탕으로 한 공화국을 그리면서 볼리바르혁명을 계획했고 자신만의 운동을 구축하였다. 차베스의 서서히 진화하는 청사진은 그가 2004년 쿠바 활동가 게바라(Aleida Guevara, 체 게바라[Che Guevara]의 장녀)와 진행한 일련의 인터뷰와 2006년 미국 마르크스주의 경제학자 레보위츠(Michael A. Lebowitz)와의 서신을 통해 종합해 볼 수 있다. 명백히 레보위츠에게 영향을 받았던 차베스는 사회주의에 혁신적인 지적 기여를 했다.

차베스는 그의 '볼리바르 이데올로기'의 기초를 다음과 같이 요약했다. "볼리바르는 그저 한 명의 사람이 아니다, 그는 하나의 개념이다. 볼리바르는 단순한 이론을 넘어 정치, 사회, 정의와 관련된 복잡한 사상의 집합이다"(Chavez and Guevara, 2005: 11). 차베스의 이론과 운동에는 민족주의적인 요소와 국제주의적 요소가 모두 포함되어 있었는데, 후자는 라틴아메리카 통합과 통일이라는 지역적 주장을 의미한다. 민족주의적 요소는 진정한 독립 베네수엘라가 평등주의와 사회정의의 체제를 바탕으로 새로운 사회를 건설하자는 것이었다.

민족적 독립이 현대 제국주의로부터의 독립이었기 때문에, 민족주의적 요소와 국제주의적인 요소는 함께 결합되었다. 차베스가 게바라에게 말했듯이, "20세기 베네수엘라는 석유와 온갖 자원이 풍부한 나라가 되었지만 가난으로 가득 차 있었다. 즉 가난한 사람들로 가득 찬 부유한 국가다"(Chavez and Guevara, 2005: 9). 차베스의 목표는 베네수엘라에 대한 국제적 수탈을 극복하고, 석유를 포함한 자원을 빈곤 퇴치부터 시작하여 공공의 이익을 위해 사용할 수 있도록 하는 것이었다.

쿠데타 시도 실패로 2년간 복역한 뒤 1994년 3월 출소하자마자 차베스는 선거를 통한 평화로운 혁명을 결심했다고 말했다. 비록 그가 인정했듯이 그 당시 그의 평화적인 방법에는 명확한 정의가 없었으나, 그해 말 MBR-200은 시장과 주지사 선거에 출마하였다. 이후 몇 년 동안 당원들은 자신의 메시지를 퍼뜨리기 위해 전국을 다녔고, 그 결과 차베스는 1998년의 선거와 이어진 국민투표에서 승리를 거두고 제헌의회 구성을 위한 승인을 받았다. 1999년에는 베네수엘라 제4공화국을 제5공화국으로 대체하는 새 헌법이 제정되었다 (Chavez and Guevara, 2005: 18-22). 차베스는 공화국이 직면한 한 가지 시급한 문제는 높은 생산량으로 인한 낮은 석유 가격이었는데, 이는 베네수엘라의 역대 정부들이 충실히 따라온 미국의 의도적인 전략이었다고 주장했다. 이에 대항하기 위해 그는 석유 생산을 줄였고, 수입에 비례하여 지출을 줄였다.

1999년 정부의 주요 계획인 '볼리바르 계획 2000'이 시작되었는데, 이는 군인들의 민간-군인 활동 참여에 초점을 두는 데에서 시작되었다. 차베스는 "가장 가난한 분야, 학교 보수, 지역 시장 건설, 식량 제공"을 강조했다 (Chavez and Guevara, 2005: 24). 이 계획의 성공으로 그는 볼리바르 이데올로기를 공유하는 동기들과 동료들을 장교로 하는 새로운 군대를 창설하게 되었다. 그 목적은 가난한 사람들을 위한 사회 정의와 사회복지 프로그램에 헌신하는 시민정신의 군인들을 만드는 것이었다 (Chavez and Guevara, 2005: 26-31).

사회복지 프로그램은 진화하는 '볼리바르 계획 2000'의 주요 특징이 되었고, 차베스는 이를 실용주의적 용어로 설명했다. 그는 게바라에게 "완벽한 형태의 정부는 국민들에게 가장 큰 행복을 보장하는 것"이라고 말했는데, 이것이 그의 운동과 정부의 목적 또는 중심 목표이다. 그는 또 말하기를, 베네수엘라가 "대규모 사회적 요구의 한복판"에 있었기 때문에, 정부의 수립은 "사실상 정치적이고 유권자들이 주도하는 혁명"이었다 (Chavez and Guevara, 2005: 33). 그는 모든 사람들이 자신들의 문제를 논의할 것을 촉구하는 분위기 속에서 어떻게 새 헌법이 작성되고 도입되었는지에 대해 설명했다. 그는 초기에 권리와 정의를 요구하는 여러 집단의 압력에 압도당했던 "볼리바르 계획은 군대를 이전에는 사회에 장애물과 제동을 걸었던 국가의 처분에 맡겼다"고 회고했다 (Chavez and Guevara, 2005: 34). 이 계획의 시행은 의료, 교육, 주택 등 이전에 소외되었던 분야로 확대되었다. IMF나 이와 유사한 기관들로부터의 도움을 원하지 않았고, 베네수엘라의 석유 수입에도 의존할 수 없었기 때문에 이 계획은 부족한 자원들로 진행되었다. 새로운 신문 '엘 코레오 델 프레지덴테(El Correo Del Presidente, The President's Mail)'는 "우리가 무엇을 하고 있는지 그리고 우리가 물려받은 상황의 심각성을 대중들에게 알리고 그들의 인내심을 요청하기 위해 고안되었다"(Chavez and Guevara, 2005: 36). 석유 감산을 담보로 이 계획에 대한 국제적인 지원을 모색했다. 차베스는 "1999년 말에는 유가가 배럴당 16달러였기 때문에 외채에도 불구하고 사회적 지출을 늘릴 수 있었다"고 회상했다 (Chavez and Guevara, 2005: 36). 이 계획은 엄청난 수요로 인한 압박과 바르가스 주를 강타한 파괴적인 산사태에도 불구하고 계속해서 발전했다. 인민은행이 설립되었고, 2000년 무렵에는 외국인 투자가 증가하기 시작하며 실업률이 떨어지기 시작했고 베네수엘라는 경제적 안정기에 접어들었다. 대통령 선거, 의회 선거, 주지사 선거에서 차베스가 "대법원과 중앙선거관리위원회를 바꿀 수 있게 되면서" 운동당은 국회에서 더 많은 과반수를 차지했다 (Chavez and Guevara, 2005: 39). 2002년에는 국회의 3분의 2 과반수를 얻었다. 2002년까지 석유 산업의 민영화는 번복되었다 (Chavez and Guevara, 2005: 45). 다른 경제 분야에서는 새로운 국영 기업이 설립되었다. 많은 새로운 협동조합들이 포함된 국가와 공공 부문은 특히 식료품 분배에 집중했다. 이 계획은 석유매매, 특히 미국의 압력과 결정 때문에 봉쇄되었던 쿠바로의 수출을 통해 이익을 얻었다 (Chavez and Guevara, 2005: 60-61).

차베스는 2002년 쿠데타로 권좌에서 물러났지만, 이듬해 국제 옵서버들이 공정하다고 판단했던 선거에서 다시 대통령직을 맡았다. 4년 후 대통령 선거에서 승리하기 전의 기간 동안, 그는 레보위츠와 함께 21세기 사회주의의 이론적 기반을 마련하기 위해 일했다.

레보위츠는 베네수엘라 정부의 고문으로서 작성한 두 논문에 이들에 대한 차베스의 발언에 대한 토론을 덧붙여 발표했다. 첫 번째 논문에서 레보위츠는 세 가지 범주의 생산관계에 대해 논의했는데, 각각은 재산관계의 형태에 기반을 두고 있다. 이들은 자본주의적, 협동조합식, 국가주의적 생산관계들이다. 그는 이러한 범주를 사용하여 비착취적 생산관계를 구축하는 방법에 대해 논의했다. 자본주의적 기업들은 조세나 국유화와 같은 조치들을 통해 종속될 수 있지만, 착취에 기반을 두지 않은 새로운 형태의 자본주의적 생산관계는 달성하지 못할 것이다. 따라서 자본주의적 기업은 사회주의 사회에서 국가주의적 또는 협동조합식 기업으로 전환되어야 한다 (Levowitz, 2014: 2-9).

차베스는 논문을 읽은 후 레보위츠(Levowitz, 2014: 9)와 접촉하여, 자본주의의 모든 측면이 상호 연결되어 유기적이므로 이는 근본적인 재건을 통해 변혁되기보다는 초월될 필요가 있다고 강조했다. 레보위츠의 두 번째 논문은 이 작업이 어떻게 수행되어야 하는지를 조사하였다. 레보위츠(Levowitz, 2014: 10-11)는 "모든 관계를 바꾸어야 하는데 이들을 동시에 바꿀 수 없다면, 어떻게 실질적인 변화를 만들 수 있는가?"라는 질문을 해결하고자 하였다. 새로운 사회주의적 사회를 발전시키는 과정은 자본주의의 모든 요소를 인간 중심적 논리에 종속시키는 것이어야 한다. 이는 "생산-분배-소비라는 새로운 변증법의 요소를 조합함으로써" 진행될 것이다. 그는 이러한 요소들은 다음과 같은 세 가지 특징이 핵심인 새로운 조합의 부분이 되리라고 덧붙였다. 그 세 가지 특징은, "(a) 생산수단의 사회적 소유로 (b) 노동자들로 조직된 사회적 생산의 기반이 되며, 이는 (c) 공동욕구와 공동목적을 충족시키기 위함이다"(Levowitz, 2014: 11). 사회적 소유는 반드시 국가 소유, 즉 국가 차원의 소유가 아니라, 필요와 목적의 의사소통이 사람들이 생산자와 사회의 구성원으로서 기능하도록 돕는 민주적 제도였다. 마르크스가 레보위츠의 사상에 끼친 영향은 생산의 관계가 서로 협력하여 사람들은 서로 간의 연대감 속에 일하면서 이로써 자본주의 사회에서 겪었던 소외를 종식시킬 것이라는 그의 논평에서 분명하다. 레보위츠(Lebowitz, 2014: 12)는 마르크스를 인용하여 이로써 "모두의 자유로운 발전을 위한 조건이 될 것"이라고 말했다.

레보위츠에게 이 세 가지 요소 각각은 다른 두 개의 존재에 의존했다. 따라서 생산-분배-소비 복합체는 분리될 수 없으며, 나머지 두 요소에서 각 요소의 영향을 알 수 있다. 레보위츠는 차베스가 이 이론적인 논문을 읽고 상호 연관된 요소들을 "그의 책상에 세 점을 놓고 각각에 대해 설명함으로 … 사회주의의 기본 삼각형"을 해석하여 응답했다는 것을 인정했다. 레보위츠는 이것이 차베스의 "복잡한 이론적 개념을 받아들여 이론적 배경 없는 독자들에게 전달하는 독특한 능력"의 한 예라고 주장했다 (Levowitz, 2014: 18).

레보위츠(Lebowitz, 2014: 13)에게 볼리바르혁명의 주요 성과는 "21세기를 위한 사회주의의 필수적 조직인 주민평의회(Communal Council)의 창설"이었다. 사람들은 함께 공동체의 필요를 민주적으로 알아내고 그러한 필요를 충족시킬 수 있는 수단을 깨달을 수 있다. 이와 같이 평의회들은 사회주의 학파의 관점에서 고려될 수 있었다.

2006년 4월 베네수엘라에서 주민평의회 법이 통과된 후, 평의회에 대한 상당한 투자는 베네수엘라의 전 지역 특히 소외 지역에서의 평의회 확산으로 이어졌다. 공공사업 프로젝트는 평의회에서 설계되고 실행되었으며, 자금 지원을 요청하기도 했다. 평의회는 지역사회에 대한 정치적 참여를 장려했지만, 정부가 일시적으로 확장을 제한하고 그 중요성을 밀어두게 만든 중앙으로부터의 정치적, 관료적 개입에 대한 불신으로도 이어졌다 (Ellner, 2014: 90–91).

평의회에 대한 레보위츠의 열정과는 달리, 곤잘레스(Mike Gonzalez, 2014: 114, 120)는 이들이 차베스가 약속한 참여민주주의체제의 핵심으로 여겨졌었다고 할지라도, 2006년 4월의 법이 평의회에 국가적 지도력을 부여하고 평의회에 공동체의 동료 구성원들을 고자질하기를 장려하는 사회 정보부의 기능을 부여했다고 주장했다. 그럼에도 불구하고 차베스는 12월에 대통령에 재선되었고, 2011년에는 주민평의회 활성화를 위한 적절한 조건들을 고찰하였다 (Ellner, 2014: 91). 그는 2012년 다시 한 번 대통령으로 선출되었다.

2011년, 베네수엘라의 경제는 쇠퇴하기 시작했다. 차베스는 2013년 사망했고 그의 후임 대통령 마두로(Nicolas Maduro) 대통령은 볼리바르 계획을 부활시키기 위해 노력했다. 경제가 계속 약화되면서 근소한 차이로 당선된 마두로는 국내외에서 커지고 있는 적대감에 마주하고 있다. 그는 초기에는 주민평의회의 확산을 촉진하는 데 성공했다 (Ellner, 2014: 92). 그러나 마두로 정부는 경제가 더욱 쇠퇴하고 긴축이 늘어남에 따라 통제를 유지하기 위한 권위주의적 조치들도 채택했다. 차베스, 마두로, 미국, 더 넓은 국제적 자본주의 세계, 혹은 이들의 조합에 책임이 있든 없든 간에, 볼리바르 계획의 청사진은 실패했다.

6장

결론

19세기 초에 등장한 사회주의는 오늘날에도 여전히 반향을 일으키고 있고, 특히 광범위한 좌파운동과 사상에 영향을 미쳤다. 예를 들어, 1990년대 이후 이론가들과 활동가들은 반(反)자본주의의 기치 아래 글로벌 자본주의체제에 도전해 왔다. 자본주의적 헤게모니는 그 대안들이 비현실적이고 바람직하지 않은 것처럼 보이게 만들며 반대파를 억압했다. 상상 속의 차이점들로 인해 분열되고 나약해진 인민들은 자본주의 권력의 원천이었다. 이에 대응하여 반자본주의 운동은 전통적인 정치가 소용없는 것처럼 보인다는 많은 이들에게 호소했다 (Callinicos, 2003). 자본주의의 부당함이 주권국가의 경계를 초월함에 따라 이 운동은 자신들의 이익을 꾀했던 초국가적 기업들과 국제기구들의 신용을 떨어뜨리고자 하면서 국제적으로 조직되어야한다고 강조했다. 가치 있는 것들이 계급, 성별, 성적 지향, 인종이나 민족성의 차별 없이 번영할 수 있는 자유를 가진 사람들 사이에 나눠지도록 함으로써 부의 재분배를 이루고 환경과 생태학적 파괴를 피할 수 있으리라 기대되었다. 조지(Susan George, 2004)의 표현처럼, 만약 이러한 측면에서 조치가 취해지기 시작한다면, 또 다른 세계가 가능하다.

사회주의는 반자본주의에 대한 이론적 정당성을 계속 제공할 수 있다. 게다가 사회주의의 활력소인 조직화된 노동계급은 국제 자본주의와 그 착취적 관행을 극복하는 데 잠재적으로 중요한 역할을 한다. 실제로 마르크스와 룩셈부르크의 사상을 바탕으로 콜라트렐라(Steven Colatrella)는 2008년 글로벌 금융위기 이후 자본주의의 이익 방어를 위해 설계된 긴축 정책에 대한 대응은 곧 다양한 산업과 국가의 노동자들의 파업이라고 생각했다. 국가를 "과거 계급투쟁의 잔재인 제도와 기능의 집합"이라고 해석하면서 콜라트렐라는 자본이 조직화된 노동계급이 영향력을 가질 수 있는 제도와 기능을 감소시키는 방식으로 국가를 재구성하고, 그것들은 "자본주의적 이익을 위한 개인, 사회화, 기능을 강화했다"고 주장한다 (Colatrella, 2011: 83). 그에게 있어 WTO, G20, 세계은행, IMF는 이 과정에서 중요한 역할을 한다.

콜라트렐라(Colatrella, 2011: 87)가 논의한 바와 같이 긴축에 대응하여 "많은 운동, 조직, 시위들로 조치가 취해졌고, 때로는 다양한 계급 행위자들이 단결했다." 그는 주로 파업의 형태로 노동계급이 선봉대에서 활동했다고 주장한다. 이는 곧 전 세계 많은 국가에서 정치적 위기로 발전했고, 전 세계 언론의 관심을 끌었던 아랍 국가들의 소요에 기여하기 시작했다. 조직화된 노동자들은 글로벌 거버넌스제도와 조직이 긴축을 가져오는 핵심요인임을 알았다. 중요한 것은 콜라트렐라(Colatrella, 2011: 93)가 인정하듯, "고전적인 혁명에서와 마찬가지로, 중산층과 직업인들의 시위가 노동자들의 대중파업과 합쳐져 정치적 권위에 대한 직접적인 도전으로 이어졌다"는 점이다. 결국 자본주의 계급은 "글로벌 거버넌스에 의해 공식화되고 시작되고 육성된" 국가 정책에 영향을 미쳤다. 콜라트렐라는 주요 산업과 지역의 노동자들이 국가와 글로벌 경제의 각 지점들을 연결하는 데에 중요한 영향을 미칠 수 있는 현대의 글로벌 경제에서, 노동자들이 국제적인 연대에 참여하고 있다는 증거가 있다고 주장했다. 따라서 자본주의체제는 '정치적 위기'에 직면했다 (Colatrella, 2011: 95). 그럼에도 불구하고 그는 "어떠한 정치체든지 엄격한 계급 분석의 단순화된 설명보다는 더 복잡하고 다양하다"고 강조했다 (Colatrella, 2011: 103-104).

주로 국제 자본주의에 대항하는 투쟁에서 조직화된 노동계급의 중요한 역할에 대해서만 생각하면서, 콜라트렐라는 다른 집단과 계급의 개입에 대해서는 매우 짧게 언급했다. 그러나 사회주의자들이 명심해야 할 중요한 점은 자본주의 계층을 옹호하는 글로벌 제도적 절차에 관여하는 개인, 국가, 국제기구들이 노동계급만을 착취의 원천으로 겨냥하지 않는다는 점이다. 어떤 경우에는 다양한 계급의 여성을 착취하는 것이 더 생산적일 수 있다. 자본주의 계급은 인류의 일부를 타자로 편입시킴으로써 소외된 집단을 착취하고 희생시키는 한편, 안정과 연속성을 보존한다는 바람직한 생활방식의 신화를 유지할 수도 있다. 이러한 관행은 의식적으로 설계되고 구현되기보다는 제도화된 경우가 많다.

대항 헤게모니를 만드는 것을 돕기 위해 사회주의자들은 노동계급을 넘어서서 등가사슬을 인정하고, 착취당하고 억압당하고 희생되는 여러 부류의 사람들을 두 가지 점에서 설득할 필요가 있다. 첫째, 자본주의는 각자가 번영할 자유를 방해한다. 둘째, 다양한 집단의 사람들에 귀 기울이고 그들이 존중받는 민주주의 공동체를 기반으로 평등사회를 구축함으로써 그러한 장애물을 극복할 수 있다.

21세기의 새로운 헤게모니를 창조하기 위해서는 반자본주의 운동 안에서 사회주의자들과 다른 단체들이 함께 일할 의지가 필요하다. 예를 들어, 전통적 사회주의자의 경제

성장에 대한 의존을 구시대적인 것으로 만드는 생태학적 문제들은, 사회주의에 공감하는 사람들과 단체들의 전문지식을 받아들인다면 여전히 평등, 자유, 공동체의 혼합을 통해 해결될 수 있을 것이다. 이와 더불어 또 다른 현대 문제들의 요구조건들에 적응하려면, 사회주의자들은 그들 스스로에게 몇 가지 질문을 할 필요가 있다. 예를 들어, 그들은 일단 당연하게 여겨졌던 방식으로 자원을 소비하지 않으면서 자본주의 착취에 대항하는 운동과 공동체 정신으로 공평한 분배를 하기 위한 운동을 전개할 수 있을까? 노동계급에 대한 그들의 헌신을 약화시키지 않으면서 비계급적 문제에 대해 전통적으로 그랬던 것보다 더 많은 관심을 기울일 수 있을까? 만약 그러하다면 사회주의 운동은 변화에 적응할 필요는 있지만, 여전히 지도력이 있다. 최근에 좌파의 혁신적인 저작들은 사회주의가 무엇을 해야 하는지 그리고 그것이 간직한 중요성이 무엇인지를 보여준다.

무페는 오늘날 극우세력이 포퓰리즘에 의존함으로써 신자유주의의 약점과 민주주의에 대한 신뢰가 사라진 점을 모두 이용하므로, 좌파도 자신만의 포퓰리즘을 개발할 필요가 있다고 주장한다. 맥퍼슨(C. B. Macpherson)이 그 용어를 사용했던 1960년대보다 소유적 개인주의가 훨씬 더 우세해짐에 따라, 신자유주의 시대에 평등과 사회정의의 민주적 교의는 호소력을 잃었다. 민주주의는 자유선거와 인권 보호를 의미했으나 더 이상은 아니며 이는 탈민주주의로 전환되었다. 엘리트들에 대한 공격과 민주주의의 복원이라 꾸며진 우익 포퓰리즘은 민족주의적이고 권위주의적인 형태의 신자유주의를 매우 제한된 형태의 민주주의와 결합하여 발전시키기 위한 전략이었다 (Mouffe, 2018: 1-24). "시급히 필요한 것은 더 민주적인 헤게모니 형태를 구축하고자 탈민주주의에 대항하는 다양한 민주적 저항과 결합한 '하나의 대중' 건설을 목표로 하는 좌파 포퓰리즘 전략"이라고 주장한다. 여기서 '대중(people)'은 "평등과 사회 정의를 수호하려는 공동의 정서적 동원에서 비롯된 집단적 의지"로 형성될 것이다. 따라서 대중은 곧 공동체가 될 수 있다. 대중을 건설함으로써 그녀는 "우파 포퓰리즘이 추진하는 외국인 혐오 정책에 대항할 수 있을 것이다"라고 말한다 (Mouffe, 2018: 6).

무페의 생각에 이끌린 사회주의자들은 반발을 이겨내기 위해 그들의 당 내에서 먼저 포퓰리즘 전략을 채택할 필요가 있을 것이다. 웨인라이트(Wainwright, 2018: 13-21)는 사람들이 서로 협력하여 개발한 실용적 지식은, 무엇이 그들에게 좋은지 일반 국민들보다 더 잘 안다고 주장하는 엘리트들에게 정치적 헤게모니를 위한 전략이 장악되지 않고 민주적으로 통제되도록 보장하는, 변화시킬 힘이 될 수 있다고 주장한다. 그러나 콜빈의 영국노동당의 사례와 같이, 만약 당

내에서 지도자가 저항적인 중진 당원들에 반해 대중적 지지를 얻는다면 문제가 발생한다 (Watts and Bale, 2019). 이는 협력보다는 당에 분열을 가져올 수도 있다. 이러한 분열을 최소화하기 위해 사회주의는 당의 전통적인 지지 기반을 넘어서야 하며, 그 규모가 축소되는 것을 피하기 위해서는 전통적으로 연합했던 것보다 더 폭넓은 진보적 신념들을 가진 당원들을 포섭할 필요가 있다. 웨인라이트(Wainwright, 2018: ix-x)가 시사하듯, "개방적이고 참여적이며 환경 친화적이고 페미니스트적인 형태의 사회주의를 창조하기 위한" 다양한 운동을 건설할 수 있는 잠재력이 있는 "좌파로부터의 새로운 정치"가 만들어지고 있다. 일반 국민의 정치참여 능력에 대한 믿음이 거의 없었던 전통적인 사회민주주의와는 달라져야 할 것이다. 변화시킬 역량으로서의 힘은 일반 국민들의 일상 속 협력적인 상호작용에서 얻어질 필요가 있다. 노동조합과 다양한 공동체와 같은 기구에서의 집단행동을 통해 사람들은 그들이 변화를 가져올 능력이 있음을 발견한다 (Wainwright, 2018: 18-21).

웨인라이트와 무페의 주장은 서로 보완된다. 좌파 포퓰리즘의 성공은 국민이 발전할 수 있도록 독려하는, 변화시킬 역량으로서의 힘으로 가능하다. 그러나 웨인라이트는 의회의 정당과 협력을 하더라도 국민들이 스스로를 구성할 수 있는 정도에 더 중점을 둔다.

패니치와 진딘(Panitch and Gindin, 2018: 11)은 무페와 웨인라이트의 사상과 양립할 수 있는 생각을 제시하면서 신자유주의의 '이데올로기적 위임'이 극우파에게 "초국가주의, 인종차별주의, 성차별주의, 동성애 혐오적 함축"과 "자유주의적 민주정치에 대한 대중의 좌절을 포착하기 위한" 공간을 부여했다고 우려한다. 그럼에도 불구하고 그들은 이러한 위임화가 "인류의 집단적, 민주적, 평등주의적, 생태적 열망을 실현하기 위해 필요한, 자본주의를 초월한 급진적 사회주의 사례에 대한 신뢰를 회복시켰다"고 강조한다 (Panitch and Gindin, 2018: 11–12). 패니치와 진딘(Panitch and Gindin, 2018: 16)에게 이러한 사상은 민주적 사회주의로 지칭되어야 하며, 사회민주주의와는 뚜렷이 구별되어야 한다. 그들은 자본주의를 초월하는 데에 집중하고 있는 지금의 사회적 민주화는 피해야 한다고 주장한다.

무페, 웨인라이트, 패니치와 진딘은 21세기의 사람들이 더 이상 공산주의자든 민주주의자든 가부장주의적인 엘리트에게 지휘 받는 것을 받아들이지 않음을 사회주의가 인정해야 한다고 주장한다. 사람들은 여전히 공동체와 평등이 성취감 있는 삶에 있어 중요하다고 설득당할 수 있지만, 그들은 자기충족감을 위한 자신만의 길을 찾기 원한다. 이처럼 해방과 자유는 그들에게 중요하고, 오늘날 성공하기를 원하는 사회주의자들은 이것을 인식할 필요가 있다. 호네트는 이를 매우 분명히 보았다. 그에게 사회주의는 자본주의 경제 질서에서 서로 충돌하는 세 가지 원칙 사이의 관계에 대한 믿음을 중심으로 전개되었다. 이 원칙들은 자유, 평등, 박애였으며, 사회주의는 이를 '사회적 자유'라는 용어로 조화시켰다. 그는 이것을 다음과 같이 요약한다.

> 인간은 자신에게 가장 중요한 문제에서는 자신의 자유를 스스로 실현할 수 없다. 일반적으로 공유하는 욕구의 만족도는 특정 규범적 조건하에서만 '자유로운' 간주관적 관계에 따라 달라지는데, 그 중 가장 중요한 것은 연대의 공동체에서만 발견되는 상호 공감이다. (Honneth, 2017: 27)

호네트는 사회주의자들이 사회적 자유 개념에 대한 공명을 유지하기 위해 노력하는 과정에서 직면하는 문제는 그것이 산업혁명의 경제적 조건과 연관되는 경향이라고 말한다. 물론 사회적, 경제적 상황은 이제 19세기 가난하고 부유한 나라들의 상황과 매우 다르다. 그러므로 호네트(Honneth, 2017: 50)가 선언하듯이, "사회적 자유에 대한 원래의 비전이 현대 현실에 부응하는 사회와 역사의 이론으로 표현될 수 있을 때만이 그것의 초기 타당성의 일부를 되찾을 수 있을 것이다."

무페로 돌아와서, 그녀는 지난 날의 세계를 떠올려 본다해도 좌파 포퓰리즘 계획이 성공할 가능성이 낮다는 것을 충분히 인식하고 있다. 이는 1985년에 그녀와 라클라우가 강조했던 점을 다시 한 번 상기시킨다. 사회주의는 공산주의와 사회민주주의적 전통에서 벗어나 자본주의에 반대하는 다른 사회운동들과 사회주의 간의 등가사슬에 기반한 운동들에 참여해야 한다. 사회주의자들은 노동계급에 대한 자본주의적 착취도, 조직화된 노동에 의한 대응 조치도 사라지지 않음을 명백하게 하는 한편, 등가사슬에 대해 이러한 점을 받아들일 수 있을 것이다. 다른 운동들은 집단에 대한 억압을 극복하고자 하는데, 이는 노동계급을 착취로부터 해방시키려는 사회주의의 목적과 다름없다. 그러한 다른 운동들은 사회주의와 연합할 수도 있고 따라서 각 운동들은 그들 자신의 해방에 도달할 수 있게 한다. 아마도 다른 단체들과 운동들은 와일드(Oscar Wilde)의 1891년 에세이 『사회주의에서의 인간의 영혼(The Soul of Man Under Socialism)』의 서두를 생각해보아야 한다. "사회주의 설립으로 가져올 가장 큰 이점은 의심할 여지없이, 사회주의가 타인을 위해 사는 추잡한 필요성으로부터 우리를 놓아줄 것이라는 사실이다. 현재로서는 그 필요성이 거의 모두를 심각하게 억누르고 있다. 사실 아무도 탈출하지 못한다"(Wilde, 2001: 127).

그러나 사회주의자들이 자본주의가 수반하는 폐해를 폭로하는 것 이상을 하려면 무폐와 같은 패권적 계획이 필요하다. 최근 캐나다, 스웨덴, 미국, 영국에서는 긴축이 너무

힘들면 사람들이 불평등에 대한 관용을 잃기 시작할 것이라는 증거가 있다 (Hicks et al., 2016). 이것은 사회주의자들이 구축할 수 있는 기반이 될 수 있다. 좌파와 우파의 개념이 그들의 삶과 관련이 있다고 여겨지기 시작할 때 사람들이 정당과 운동에 동조할 것이라는 최근의 증거도 있다 (Fortunato et al., 2016). 그럼에도 불구하고 샌더스가 2016년 미국 대선에서 민주당 후보 경선에 승리할 뻔했다 하더라도, 그의 지지는 대개 주류 정치인에 대한 불신의 산물이었다 (Dyck et al., 2018). 지지를 유지하고 공고히 하려면 사회주의자들은 평등, 공동체, 사회적 자유 측면에서 좌파의 영역에서부터 대항 헤게모니를 구축할 필요가 있다.

사회주의 운동이 현재의 중요성을 유지하기 위해 사회주의자들이 한 가지 해야 할 일은 특히 우파의 정책 때문에 다가올 환경적 재앙을 해결하기 위한 정책을 강구하는 것이다. 일부 사회주의자들은 산본마츠(John Sanbonmatsu, 2007)까지 나아갈 수 있는데, 그는 사회주의가 서로 떼어놓을 수 없는 두 가지, 즉 인간의 해방과 보다 광범위한 자연을 조화시키기 위해 그가 메타휴머니즘이라고 부르는 것에 대한 새로운 이론과 실제를 개발할 필요가 있다고 생각했다. 대안적으로 사회주의자들은 영감을 얻기 위해 마르크스의 초기 저술로 돌아갈 수도 있다. 마르크스는 인간이 일상생활에서 그들 자신의 자연환경과 종족을 생산하고 변화시켜야 한다고 주장했다. 로프터스(Alec Loftus, 2009: 160-161)는 마르크스가 "가능성의 정치 생태학을 위한 훌륭한 발판"을 제공한다고 주장한다.

환경 위기의 심각성에 대한 인식이 커지고 있는 지금, 이것은 정말로 사회주의 대항 헤게모니의 씨앗이 될 수 있다. 사회주의자들은 환경을 생산하고 변화시킴으로써 인간이 생물권의 본질과 지구의 물, 토양, 그리고 다른 물질들의 상태를 결정하며 세계를 현재의 시대로 이끌었다는 것을 받아들여야 한다. 비록 때때로 인류세(Anthropocene)라고 불리기도 하지만, 사회주의자들은 또한 '자본세'(Capitalocene)가 이 시대를 위한 더 나은 명칭이라고 주장할 필요가 있다. 왜냐하면 세계는 심지어 세계의 비자본주의적 부분들도 더 넓은 자본주의 틀 안에서 일해야만 했던 수백 년의 자본주의 지배 기간 동안 있었던 방식대로 발전해왔기 때문이다 (Dolenec, 2019). 대항 헤게모니의 일환으로 사회주의자들은 환경 문제에 대한 국제적 담론에 내재된 정의의 개념에 영향을 미치기를 모색해야 한다. 산업화 이전 대비 1.5°C 이상의 지구 기온 상승을 제한하기 위한 파리기후변화협정(Paris Agreement on Climate Change)의 목적은 국제인권법의 중심인 개발권과 유엔 기후변화협약(UN Framework Convention on climate Change)에 의해 이미 채택된 지속가능한 개발을 촉진할 권리에 모두 합치한다 (Gupta and

Arts, 2018). 기후변화 제한의 필요성을 존중하는 국제 사회 정의의 본질에 대한 담론에는 평등, 공동체, 사회적 자유의 사회주의적 조합이 사회주의자들에 의해 고취되어야 한다.

과학기술 발전은 환경 위기를 악화시키지 않고 그들의 공동체에서 보통 사람들의 삶의 수준을 동등하게 향상시키려는 목적하에서만 계속될 수 있다. 그러나 기술 발전은 사회주의자들이 참여해야 할 또 다른 문제를 제기한다. 서론에서 언급한 바와 같이, 피츠패트릭(Fitzpatrick, 2003)은 자본주의적 이익에 대한 감시와 착취를 증가시키기 위한 정보기술의 발전 가능성을 보았다. 자본주의 헤게모니가 여전히 자리를 지키고 있는 상황에서 이는 바뀌지 않을 것으로 보인다. 인공지능(AI)의 발전이 더 진행됨에 따라, 만일 교육으로 모든 시민들이 사회의 유익을 위해 기술을 사용하게끔 하지 않는다면, 더 부유한 자본주의 국가 대중들의 많은 분야에서의 탈숙련화는 부유한 국가들 간의 그리고 그들의 숙련된 시민들과 세계 다른 곳 수백만의 가난한 사람들 간의 불평등을 증가시킬 수 있다 (Hodgson, 2003). 이는 착취에 기반을 둔 자본주의가 의존하고 있는 과정들의 침해를 필요로 할 것이다. 누르바크(Ilah Reza Nourbakhsh, 2015: 24)의 표현처럼, "로봇의 변화 속도는 규제 기관과 입법가들이 따라잡을 수 있는 능력을 훨씬 앞지르고 있으며, 특히 대기업들은 정부 규제 기관에게는 거의 보이지 않는 비밀스러운 로봇 프로젝트에 대규모 투자를 쏟아 붓고 있다." 최고의 시스템과 로봇은 이미 부유하고 강력한 사람들이 이용할 수 있을 뿐만 아니라 이미 착취받는 사람들에 대한 통제 수단을 강화시킬 것이다. 신기술은 제대로 된 도덕적, 윤리적 훈련을 받은 사람들만 이용할 수 있어야 한다는 요구는, 기존 상황을 떠받치는 패권적 문화에 의해 도덕률이 형성될 때에는 거의 의미가 없다.

인공지능, 로봇공학, 사이버기술이 공동체적 존재로서 인간이 갖는 자유를 증가시킨다면 인간성을 약화시키기보다는 강화시키기 위해 건설적으로 활용할 수 있다. 인체 내에서 사용되는 기술적 장치의 개발을 한 가지 예로 들 수 있다. 만약 대항 헤게모니가 그러한 발전을 가능하게 한다면, 사람들은 자본주의로부터 자신들을 해방시킬 수 있을 뿐만 아니라 그 이후에 더 나은 삶을 누릴 수 있을 것이다. 문제는 현재 자본주의체제에서 그들의 적수가 여전히 최고의 카드를 가지고 있다는 것이다. 사회주의자들이 성공적인 도전에 나서려면 오랜 기간 동안 대항 헤게모니를 구축해야 한다.

참고문헌

Arblaster, A. (1984). *The Rise and Decline of Western Liberalism*. Oxford: Basil Blackwell.

Ball, T. and Dagger, R. (1999). *Political Ideologies and the Democratic Ideal*, third edition. New York: Longman.

Beech, M. and Hickson, K. (2007). *Labour's Thinkers: The Intellectual Roots of Labour from Tawney to Gordon Brown*. London: Tauris.

Beecher, J. (2013). 'Early European Socialism'. In G. Klosko (ed.), *The Oxford Handbook of the History of Political Philosophy*. Oxford: Oxford University Press, pp. 369–92.

Beecher, J. (2019). 'French Socialism and Communism'. In J. Diamanti, A. Pendakis and I. Szeman (eds), *The Bloomsbury Companion to Marx*. London: Bloomsbury, pp. 218–29.

Berki, R.N. (1975). *Socialism*. London: J.M. Dent and Sons.

Bernstein, E. (1993). *The Preconditions of Socialism*. Cambridge: Cambridge University Press.

Bernstein, T.P. (2006). 'Mao Zedong and the Famine of 1959–1960: A Study in Wilfulness', *The China Quarterly*, 186: 421–45.

Bevir, M. (2011). *The Making of British Socialism*. Princeton, NJ: Princeton University Press.

Blair, T. (1994). *Socialism*. London: Fabian Society.

Block, F. (1977). 'The Ruling Class Does Not Rule: Notes on the Marxist Theory of the State', *Socialist Revolution*, 7 (3): 6–28.

Braunthal, J. (1949). 'The Rebirth of Social Democracy', *Foreign Affairs*, 27 (4): 586–600.

Brezinski, H. (1990). 'Private Agriculture in the GDR: Limitations of Orthodox Socialist Agricultural Policy', *Soviet Studies*, 42 (3): 535–53.

Brisbane, A. (1840). *Social Destiny of Man; Or Association and Reorganization of Industry*. Philadelphia: C.F. Stollmeyer.

Burbach, R. (2014). 'The Radical Left's Turbulent Transitions'. In S. Ellner (ed.), *Latin America's Radical Left: Challenges and Complexities of Political Power in the Twenty-First Century*. Lanham, MD: Rowman and Littlefield, pp. 27–42.

Burnham, D. and Lamb, P. (2019). *The First Marx: A Philosophical Introduction*. London: Bloomsbury.

Buzby, A.L. (2010). 'Socialism'. In M. Bevir (ed.), *Encyclopedia of Political Theory*, Vol. 3. Thousand Oaks, CA: Sage, 1295–301.

Caldwell, B. (1997). 'Hayek and Socialism', *Journal of Economic Literature*, 35 (4): 1856–90.

Callinicos, A. (2003). *An Anti-Capitalist Manifesto*. Cambridge: Polity.

Cárdenas, R.R. (2014). 'A Nation Divided: Venezuela's Uncertain Future', *World Affairs*, 176 (6): 47–54.

Chávez, H. and Guevara, A. (2005). *Chávez, Venezuela and the New Latin America: An Interview with Hugo Chávez*. Melbourne: Ocean Press.

Cohen, G.A. (2000). *If You're an Egalitarian, How Come You're So Rich?* Cambridge, MA: Harvard University Press.

Cohen, G.A. (2009). *Why Not Socialism?* Princeton, NJ: Princeton University Press.

Colatrella, S. (2011). 'In Our Hands is Placed a Power: Austerity, Worldwide Strike Wave, and the Crisis of Global Governance', *Socialism and Democracy*, 25 (3): 82–106.

Cole, G.D.H. (1914–15). 'Conflicting Social Obligations', *Proceedings of the Aristotelian Society*, 15: 140–59.

Cole, G.D.H. (1917). *Self-Government in Industry*. London: G. Bell and Sons Ltd.

Cole, G.D.H. (1923). *Social Theory*, third edition. London: Methuen.

Cole, G.D.H. (1925–6). 'Loyalties', *Proceedings of the Aristotelian Society*, 26: 151–70.

Cole, G.D.H. (1928). *The World of Labour*, fourth edition. London: Macmillan.

Cole, G.D.H. (1929). *The Next Ten Years in British Social and Economic Policy*. London: Macmillan.

Cole, G.D.H. (1943). 'Plan for Living'. In G.D.H. Cole et al., *Plan for Britain*. London: Labour Book Service, pp. 1–33.

Cole, G.D.H. (1980). *Guild Socialism Restated*. New Brunswick, NJ: Transaction.

Connolly, W.E. (1977). 'A Note on Freedom under Socialism', *Political Theory*, 5 (4): 461–72.

Cox, R.W. (1987). *Production, Power and World Order: Social Forces and World Order: Social Forces in the Making of History*. New York: Columbia University Press.

Crick, B. (1987). *Socialism*. Milton Keynes: Open University Press.

Critchley, W.H. (1993). 'The Failure of Federalism in Yugoslavia', *International Journal*, 18 (3): 434–47.

Crosland, C.A.R. (1956). *The Future of Socialism*. London: Jonathan Cape.

Darlington, R. (2013). 'Syndicalism and Strikes, Leadership and Influence: Britain, Ireland, France, Italy, Spain and the United States', *International Labor and Working-Class History*, 83: 37–53.

Davis, A. (1982). 'Women, Race and Class: An Activist Perspective', *Women's Studies Quarterly*, 10 (4): 5–9.

Deutscher, I. (1953). 'Dogma and Reality in Stalin's "Economic Problems"', *Soviet Studies*, 4 (4): 349–63.

Deutscher, I. (1977). 'Maoism: Its Origins and Outlook'. In R. Blackburn (ed.), *Revolution and Class Struggle: A Reader in Marxist Politics*. Glasgow: Fontana/Collins, pp. 191–223.

Djilas, M. (1957). *The New Class: An Analysis of the Communist System*. London: Thames and Hudson.

Dolenec, D. (2019). 'Ecology and Environmentalism'. In J. Diamanti, A. Pendakis and I. Szeman (eds), *The Bloomsbury Companion to Marx*. London: Bloomsbury, pp. 541–7.

Duncan, R. (1988–9). 'Ideology and Nationalism in Attracting Third World Leaders to Communism: Trends and Issues in the Late Twentieth Century', *World Affairs*, 151 (3): 105–16.

Dyck, J.J., Pearson-Merkowitz, S. and Coates, M. (2018). 'Primary Distrust: Political Distrust and Support for the Insurgent Candidacies of Donald Trump and Bernie Sanders in the 2016 Primary', *PS: Political Science and Politics*, 51 (2): 351–7.

Ellner, S. (2014). 'Social and Political Diversity and the Democratic Road to Change in Venezuela'. In S. Ellner (ed.), *Latin America's Radical Left: Challenges and Complexities of Political Power in the Twenty-First Century*. Lanham, MD: Rowman and Littlefield, pp. 79–102.

Engels, F. (1968). 'Speech at the Graveside of Karl Marx'. In K. Marx and F. Engels, *Selected Works in One Volume*. London: Lawrence and Wishart, pp. 429–30.

Engels, F. (1976). *Anti-Dühring (Herr Eugen Dühring's Revolution in Science)*. Peking: Foreign Language Press.

Fabian Society (1884). *Why Are the Many Poor?* London: Geo. Standring.

Fabian Society (1890). *What Socialism Is.* London: Fabian Society.

Fitzpatrick, T. (2003). *After the New Social Democracy: Social Welfare for the Twenty-First Century.* Manchester: Manchester University Press.

Fortunato, D., Stevenson, R.T. and Vonnahme, G. (2016). 'Context and Political Knowledge: Explaining Cross-National Variation in Left–Right Knowledge', *The Journal of Politics*, 78 (4): 1211–28.

Fourier, C. (1996). *The Theory of the Four Movements.* Cambridge: Cambridge University Press.

Fraser, I. and Wilde, L. (2011). *The Marx Dictionary.* London: Continuum.

Fraser, N. (1995). 'From Redistribution to Recognition? Dilemmas of Justice in a "Post-Socialist" Age', *New Left Review*, 212: 68–93.

Freeden, M. (2003). *Ideology: A Very Short Introduction.* Oxford: Oxford University Press.

Fukuyama, F. (1992). *The End of History and the Last Man.* London: Hamish Hamilton.

Geary, D. (2003). 'The Second International: Socialism and Social Democracy'. In T. Ball and R. Bellamy (eds), *The Cambridge History of Twentieth-Century Political Thought.* Cambridge: Cambridge University Press, pp. 219–38.

George, S. (2004). *Another World is Possible If....* London: Verso.

Giddens, A. (1998). *The Third Way: The Renewal of Social Democracy.* Cambridge: Polity.

Giddens, A. (2000). *The Third Way and Its Critics.* Cambridge: Polity.

Goldsworthy, D. (1982). 'Ethnicity and Leadership in Africa: The "Untypical" Case of Tom Mboya', *The Journal of Modern African Studies*, 20 (1): 107–26.

Gonzalez, M. (2014). *Hugo Chávez: Socialist for the Twenty-First Century.* London: Pluto Press.

Gorbachev, M. (1988). *Perestroika: New Thinking for Our Country and the World.* London: Fontana/Collins.

Gorz, A. (1994). *Capitalism, Socialism, Ecology.* London: Verso.

Gramsci, A. (1971). *Selections from Prison Notebooks.* London: Lawrence and Wishart.

Gramsci, A. (1977). 'The Turin Workers' Councils'. In R. Blackburn (ed.), *Revolution and Class Struggle: A Reader in Marxist Politics.* Glasgow: Fontana/Collins, pp. 374–409.

Gupta, J. and Arts, K. (2018). 'Achieving the 1.5 °C Objective: Just

Implementation Through a Right to (Sustainable) Development Approach', *International Environmental Agreements*, 18 (1): 11–28.

Haug, F. (1991). 'The End of Socialism in Europe: A New Challenge for Socialist Feminism', *Feminist Review*, 39 (1): 37–48.

Hess, M. (1964). 'The Philosophy of the Act'. In A. Fried and R. Sanders (eds), *Socialist Thought: A Documentary History*. New York: Anchor Books, pp. 249–75.

Hessel, S. (2011). *Time for Outrage!* London: Quartet Books.

Heywood, A. (2012). *Political Ideologies: An Introduction*. Houndmills: Palgrave Macmillan.

Hicks, T., Jacobs, A.M. and Matthews, J.S. (2016). 'Inequality and Electoral Accountability: Class-Biased Economic Voting in Comparative Perspective', *The Journal of Politics*, 78 (4): 1076–93.

Hirst, P. (1988). 'Associational Socialism in a Pluralist State', *Journal of Law and Society*, 15 (1): 139–50.

Hodgson, G.M. (2003). 'Capitalism. Complexity, and Inequality', *Journal of Economic Issues*, 37 (2): 471–8.

Holmes, L. (2009). *Communism: A Very Short Introduction*. Oxford: Oxford University Press.

Honneth, A. (2017). *The Idea of Socialism*. Cambridge: Polity.

Jaurès, J. (1908). 'International Arbitration from a Socialistic Point of View', *The North American Review*, 188 (633): 188–98.

Jennings, J. (1991). 'Syndicalism and the French Revolution', *Journal of Contemporary History*, 26 (1): 71–96.

Johnston, D. (2010). 'Liberalism'. In M. Bevir (ed.), *Encyclopedia of Political Theory*, Vol. 2. Thousand Oaks, CA: Sage, pp. 795–802.

Jones, S. (2006). *Antonio Gramsci*. London: Routledge.

Kagarlitsky, B. (2000). *The Return of Radicalism*. London: Pluto Press.

Kardeji, E. (1956). 'Evolution in Jugoslavia', *Foreign Affairs*, 34 (4): 580–602.

Kardelj, E. (1980). *Tito and the Socialist Revolution of Yugoslavia*. Belgrade: STP.

Karyotis, G. and Rüdig, W. (2018). 'The Three Waves of Anti-Austerity Protest in Greece, 2010–2015', *Political Studies Review*, 16 (2): 158–69.

Kautsky, K. (1936). *The Economic Doctrines of Karl Marx*: London: A. & C. Black Ltd.

Laborde, C. (2000). *Pluralist Thought and the State in Britain and France, 1900–25*. Basingstoke: Macmillan.

Laclau, E. and Mouffe, C. (1985). *Hegemony and Socialist Strategy: Toward a Radical Democratic Politics*. London: Verso.

Lamb, P. (2004). *Harold Laski: Problems of Democracy, the Sovereign State, and International Society*. New York: Palgrave Macmillan.

Lamb, P. (2005). 'G.D.H. Cole on the General Will: A Socialist Reflects on Rousseau', *European Journal of Political Theory*, 4 (3): 283–300.

Lamb, P. (2015). *Marx and Engels' Communist Manifesto: A Reader's Guide*. London: Bloomsbury.

Lamb, P. (2016). *Historical Dictionary of Socialism*, third edition. Lanham, MD: Rowman and Littlefield.

Lange, O. (1964). 'On the Economic Theory of Socialism'. In O. Lange and F.M. Taylor, *On the Economic Theory of Socialism*. New York: McGraw Hill, pp. 55–129.

Laski, H.J. (1921). *The Foundations of Sovereignty and Other Essays*. London: George Allen and Unwin.

Laski, H.J. (1925). *A Grammar of Politics*. London: George Allen and Unwin.

Laski, H.J. (1930). *Liberty in the Modern State*: London: Faber and Faber.

Laski, H.J. (1938). *A Grammar of Politics*, fourth edition. London: George Allen and Unwin.

Laski, H.J. (1949). *Socialism as Internationalism*. London: Fabian Publications and Victor Gollancz.

Lassalle, F. (1990). 'Open Letter to the National Labor Association of Germany'. In F. Mecklenburg and M. Stassen (eds), *German Essays on Socialism in the Nineteenth Century*. New York: Continuum, pp. 79–102.

Lebowitz, M.A. (2014). 'Proposing a Path to Socialism: Two Papers for Hugo Chávez', *Monthly Review*, 65 (10): 1–19.

Leighton, M. (1978). 'Vietnam and the Sino-Soviet Rivalry', *Asian Affairs*, 6 (1): 1–31.

Lenin, V.I. (1947). *What is to be Done?* Moscow: Progress Publishers.

Lenin, V.I. (1966). 'Report on the International Situation and the Fundamental Tasks of the Communist International'. In V.I. Lenin, *Collected Works, Volume 31*: Moscow: Progress Publishers, pp. 215–34.

Lenin, V.I. (1976). *The State and Revolution*. Peking: Foreign Languages Press.

Lewis, J. (1983). 'Conceptualising Equality for Women'. In T. Atkinson et al., *Socialism in a Cold Climate*. London: Unwin, pp. 102–23.

Li, M. (2013). 'The 21st Century: Is There an Alternative (to Socialism)?', *Science and Society*, 77 (1): 10–43.

Lichtheim, G. (1975). *A Short History of Socialism*. Glasgow: Fontana/Collins.

Loftus, A. (2009). 'The *Theses of Feuerbach* as a Political Ecology of the Possible', *Area*, 41 (2): 157–66.

Luxemburg, R. (1986). *The Mass Strike*. London: Bookmarks.

Macpherson, C.B. (1962). *The Political Theory of Possessive Individualism*. Oxford: Oxford University Press.

Mao Tse-Tung (1965a). 'On Protracted War'. In *Selected Works of Mao Tse-Tung, Volume Two*. Peking: Foreign Languages Press, pp. 113–94.

Mao Tse-Tung (1965b). 'On New Democracy'. In *Selected Works of Mao Tse-Tung, Volume Two*. Peking: Foreign Languages Press, pp. 339–84.

Mao Tse-Tung (1965c). 'The Chinese Revolution and the Chinese Communist Party'. In *Selected Works of Mao Tse-Tung, Volume Two*. Peking: Foreign Languages Press, pp. 305–34.

Mao Tse-Tung (1965d). 'Problems of War and Strategy'. In *Selected Works of Mao Tse-Tung, Volume Two*. Peking: Foreign Languages Press, pp. 219–35.

Mao Tse-Tung (1965e). 'Be a True Revolutionary'. In *Selected Works of Mao Tse-Tung, Volume Five*. Peking: Foreign Languages Press, pp. 37–40.

Marcos, Subcomandante (2004). 'The Hourglass of the Zapatistas'. In T. Mertes (ed.), *A Movement of Movements: Is Another World Really Possible?* London: Verso, pp. 3–15.

Maréchal, S. (1964). 'Manifesto of the Equals'. In A. Fried and R. Sanders (eds), *Socialist Thought: A Documentary History*. New York: Anchor Books, pp. 51–5.

Marković, G. (2011). 'Workers' Councils in Yugoslavia: Successes and Failures', *Socialism and Democracy*, 25 (3): 107–29.

Marshall, P. (1993), *Demanding the Impossible: A History of Anarchism*, London: Fontana.

Marx, K. (1968a). 'Theses on Feuerbach'. In K. Marx and F. Engels, *Selected Works in One Volume*. London: Lawrence and Wishart, pp. 28–30.

Marx, K. (1968b). 'Critique of the Gotha Programme'. In K. Marx and F. Engels, *Selected Works in One Volume*. London: Lawrence and Wishart, pp. 311–31.

Marx, K. (1968c). 'Preface to *A Contribution to the Critique of Political Economy*'. In K. Marx and F. Engels, *Selected Works in One Volume*. London: Lawrence and Wishart, pp. 180–4.

Marx, K. (1968d). 'The Eighteenth Brumaire of Louis Bonaparte'.

In K. Marx and F. Engels, *Selected Works in One Volume*. London: Lawrence and Wishart, pp. 94–179.

Marx, K. (1968e). 'The Civil War in France'. In K. Marx and F. Engels, *Selected Works in One Volume*. London: Lawrence and Wishart, pp. 248–309.

Marx, K. (1976). *Capital, Volume One*. Harmondsworth: Penguin.

Marx, K. (1977). *Economic and Philosophic Manuscripts of 1844*. Moscow: Progress Publishers.

Marx, K. and Engels, F. (1974). *The German Ideology*, second edition. London: Lawrence and Wishart.

Marx, K. and Engels F. (1996). 'Manifesto of the Communist Party'. In T. Carver (ed.), *Marx: Later Political Writings*. Cambridge: Cambridge University Press, pp. 1–30.

Marx, K. and Engels, F. (2002). *The Communist Manifesto*. London: Penguin.

Mboya, T. (1963). 'African Socialism', *Transition*, 8 (March): 17–19.

Mboya, T. (1965). 'Kanu Non-Alignment', *Africa Today*, 12 (4): 12–14.

McKanan, D. (2010). 'The Implicit Religion of Radicalism: Socialist Party Theology, 1900–1934', *Journal of the American Academy of Religion*, 78 (3): 750–89.

McLellan, D. (2006). *Karl Marx: A Biography*, fourth edition. Basingstoke: Palgrave Macmillan.

Miliband, R. (1969). *The State in Capitalist Society*. London: Weidenfeld and Nicolson.

Miliband, R. (1983). *Class Power and State Power*. London: Verso and NLB.

Miliband, R. (1994). *Socialism for a Sceptical Age*. Cambridge: Polity.

Miller, D. (1990). *Market, State and Community: Theoretical Foundations of Market Socialism*. Oxford: Oxford University Press.

Mitchell, J. (1975). 'Women's Liberation, Marxism and the Socialist Family'. In B. Parekh (ed.), *The Concept of Socialism*. London: Croom Helm, pp. 221–30.

Morais, L. and Saad-Filho, A. (2011). 'Brazil beyond Lula: Forging Ahead or Pausing for Breath?', *Latin American Perspectives*, 38 (2): 31–44.

Morgan, K. (2007). 'British Guild Socialists and the Exemplar of the Panama Canal', *History of Political Thought*, 28 (1): 120–57.

Mouffe, C. (1993). *The Return of the Political*. London: Verso.

Mouffe, C. (2018). *For a Left Populism*. London: Verso.

Neocleous, M. (1997). *Fascism*. Buckingham: Open University Press.

Newman, M. (2005). *Socialism: A Very Short Introduction*. Oxford: Oxford University Press.

Nourbakhsh, I.R. (2015). 'The Coming Robot Dystopia: All Too Inhuman', *Foreign Affairs*, 94 (4): 23–8.

Nove, A. (1991). *The Economics of Feasible Socialism Revisited*, second edition. London: HarperCollins.

Nyerere, J. (1974). 'From Uhuru to Ujamaa', *Africa Today*, 21 (3): 3–8.

Nyerere, J. (1997). 'One-Party Government', *Transition*, No. 75/76, The Anniversary Issue: Selections from Transition, 1961–1976: 156–61.

Owen, R. (1991). *A New View of Society and Other Writings*. London: Penguin.

Panitch, L. and Gindin, S. (2018). *The Socialist Challenge Today: SYRIZA, Sanders, Corbyn*. London: Merlin Press.

Parekh, B. (1982). *Marx's Theory of Ideology*. London: Croom Helm.

Pelling, H.M. (1956). *America and the British Left: From Bright to Bevan*. New York: New York University Press.

Peng, A.(C.) (2012). 'Sinicized Marxist Constitutionalism: Its Emergence, Contents and Implications'. In M. Johnson (ed.), *The Legacy of Marxism: Contemporary Challenges, Conflicts and Developments*. London: Continuum, pp. 151–69.

Peterson, L. (1981). 'The One Big Union in International Perspective: Revolutionary Industrial Unionism 1900–1925', *Labour/Le Travail*, 7: 41–66.

Phelps, C. (2007). 'A Neglected Document on Socialism and Sex', *Journal of the History of Sexuality*, 16 (1): 1–13.

Poulantzas, N. (1969). 'The Problems of the Capitalist State', *New Left Review*, 58: 67–78.

Poulantzas, N. (1973). *Political Power and Social Classes*. London: NLB.

Poulantzas, N. (1978). *State, Power, Socialism*. London: NLB.

Rawls, J. (1999). *A Theory of Justice*, revised edition. Oxford: Oxford University Press.

Roemer, J.E. (1992). 'The Morality and Efficiency of Market Socialism', *Ethics*, 102 (3): 448–64.

Rousseau, J.-J. (1993a). 'A Discourse on the Origin of Inequality'. In J.-J. Rousseau, *The Social Contract and Discourses*. London: Everyman, pp. 31–126.

Rousseau, J.-J. (1993b). 'The Social Contract'. In J.-J. Rousseau. *The Social Contract and Discourses*. London: Everyman, pp. 179–309.

Rowbotham, S. (2013). 'The Women's Movement and Organising for Socialism'. In S. Rowbotham, L. Segal and H. Wainwright, *Beyond the Fragments: Feminism and the Making of Socialism*. London: Merlin, pp. 125–240.

Sacks, K.B. (1989). 'Towards a Unified Theory of Class, Race and Gender', *American Ethnologist*, 16 (3): 534–50.

Sanbonmatsu, J. (2007). 'The Subject of Freedom at the End of History: Socialism beyond Humanism', *The American Journal of Economics and Sociology*, 66 (1): 217–36.

Sarkar, S, (1991). 'The Future of Socialism – which Socialism?', *Alternatives*, 16 (3): 367–76.

Sassoon, D. (2014). *One Hundred Years of Socialism: The West European Left in the Twentieth Century*, second edition. London: I.B. Tauris.

Saunders. P. (1995). *Capitalism: A Social Audit*. Buckingham: Open University Press.

Schwarzmantel, J. (1991). *Socialism and the Idea of the Nation*. New York: Harvester Wheatsheaf.

Schweickart, D. (1998). 'Market Socialism: A Defense'. In B. Ollman (ed.), *Market Socialism: The Debate among Socialists*. New York: Routledge, pp. 7–22.

Seldon, A. (2005). *Blair*, second edition. London: Free Press.

Seliger, M. (1976). *Ideology and Politics*. London: George Allen and Unwin.

Service, R. (2000). *Lenin: A Biography*. London: Pan.

Service, R. (2010). *Trotsky: A Biography*. London: Pan.

Shaw, G.B. (1931). 'Transition'. In G.B. Shaw et al. *Fabian Essays in Socialism*. London: The Fabian Society and George Allen and Unwin, pp. 161–87.

Smaldone, W. (2014). *European Socialism: A Concise History with Documents*. Lanham, MD: Rowman and Littlefield.

Sperber, J. (2013). *Karl Marx: A Revolutionary Life*. New York: Livebright.

Stalin, J. (1928). *Leninism: Volume One*. London: George Allen and Unwin.

Stalin, J. (1972). *Economic Problems of Socialism in the USSR*. Peking: Foreign Languages Press.

Stears, M. (1998). 'Guild Socialism and Ideological Diversity on the British Left, 1914–1926', *Journal of Political Ideologies*, 3 (3): 289–307.

Stedman Jones, G. (2017). *Karl Marx: Greatness and Illusion*. London: Penguin.

Sternhell, Z. (1979). 'Fascist Ideology'. In W. Laqueur (ed.), *Fascism: A Reader's Guide*. Harmondsworth: Penguin, pp. 325–406.

Swift, A. (2001). *Political Philosophy: A Beginner's Guide for Students and Politicians*. Cambridge: Polity.

Tawney, R.H. (1961). *The Acquisitive Society*. Glasgow: Collins.

Tawney, R.H. (1931). *Equality*. London: George Allen and Unwin.

Thomas, P. (1980). *Karl Marx and the Anarchists*. London: Routledge and Kegan Paul.

Tristan, F. (2007). *The Workers' Union*. Urbana: University of Illinois Press.

Trotsky, L. (1970). *Where is Britain Going?* London: New Park Publications.

Trotsky, L. (1977). *The History of the Russian Revolution*. London: Pluto Press.

Wainwright, H. (2018). *A New Politics from the Left*. Cambridge: Polity.

Wainwright, H. with Little, M. (2009). *Public Service Reform ... But Not as We Know It*. Hove: Picnic Publishing.

Walder, A.G. and Yang Su (2003). 'The Cultural Revolution in the Countryside: Scope, Timing and Human Impact', *The China Quarterly*, 173: 74–99.

Waller, M. (1981). *Democratic Centralism: An Historical Commentary*. Manchester: Manchester University Press.

Ward, C. (2004). *Anarchism: A Very Short Introduction*. Oxford: Oxford University Press.

Watts, J. and Bale, T. (2019). 'Populism as an Intra-Party Phenomenon: The British Labour Party under Jeremy Corbyn', *The British Journal of Politics and International Relations*, 21 (1): 99–115.

Webb, S. and Webb, B. (1920). *A Constitution for the Socialist Commonwealth of Great Britain*. London: Longmans, Green and Co.

White, S. (2007). *Equality*. Cambridge: Polity.

Whiteley, P., Poletti, M, Webb, P. and Bale T. (2019). 'Oh Jeremy Corbyn! Why did Labour Party Membership Soar after the 2015 General Election?', *The British Journal of Politics and International Relations*, 21 (1): 80–98.

Wigforss, E. (1938). 'The Financial Policy During Depression and Boom', *The Annals of the American Academy of Political and Social Science*, 197: 25–39.

Wilde, O. (2001). *The Soul of Man under Socialism and Selected Critical Prose*. London: Penguin.

Wright, E.O. (1993). 'Class Analysis, History and Emancipation', *New Left Review*, 202: 15–35.

Zetkin, C. (1990). 'What the Women Owe to Karl Marx'. In F. Mecklenburg and M. Stassen (eds), *German Essays on Socialism in the Nineteenth Century*. New York: Continuum, pp. 237–41.

찾아보기

저자소개

피터 램(Peter Lamb)

전 스태포드셔대학교(Staffordshire University) 정치학-국제
　관계학과 부교수

연구분야
정치학, 국제사상

주요 저서
*Contemporary Thought on Nineteenth Century Socialism, Vol
　III: Fabians, the ILP and the Labour Party* (ed.) (Routledge)
Socialism (Polity)
Historical Dictionary of Socialism (Rowman and Littlefield)
Marx and Engels' Communist Manifesto: A Reader's Guide
　(Bloomsbury)
Harold Laski (Palgrave Macmillan)
The First Marx (Bloomsbury, 공저)
Historical Dictionary of International Relations (Rowman
　and Littlefield, 공저)

역자소개

김유원 (yoowkim@gmail.com)

연세대학교 정치외교학과 졸업
한국외국어대학교 국제지역대학원 정치학 석사
한국외국어대학교 국제지역대학원 정치학 박사수료

주요 논저
"지역패권국가의 지역경제통합 참여결정요인: 나이지리아의
　사례" (국제지역연구)